Tigres com dentes de sabre: a história e o legado das mais famosas espécies extintas de felinos

Por Charles River Editors

Pintura de Charles R. Knight de um tigre dente-de-sabre

Introdução

Um modelo de restauração de um tigre dente-de-sabre

"Angústia implacável através de cada fibra

Para sempre pairando sobre o precipício da derrota

Segue você: um voraz tigre dente-de-sabre

Olhar fixo implacável, nem ataques nem recuos ... "- Tom Quigley, Savanna Mind (2016)

É difícil ignorar a frieza sem esforço de um tigre dente-de-sabre.O felino com presas estava equipado com a força selvagem de um leão, a furtividade letal de um puma, o andar intimidante de um urso preto e os braços musculosos de um gorila. Surpreendentemente, no entanto, essas características não se destacaram tanto quanto as longas presas em forma de punhal que deram ao Smilodon seu famoso apelido. O tigre dente-de-sabre, diz a lenda, era tão feroz quanto destemido, muitas vezes atacando feras com o dobro de seu tamanho.

Os tigres com dentes de sabre foram indiscutivelmente as mais fabulosas de todas as criaturas da Idade do Gelo. A temível fera conquistou bastante reputação e foi referenciada, apareceu e inspirou personagens únicos em inúmeros livros, filmes, quadrinhos e outros meios da cultura pop. Por exemplo, Victor Creed da Marvel, também conhecido como "Dente-de- Sabre", é mais conhecido como o nêmesis de Wolverine, e ele é descrito como uma ameaça corpulenta e vigorosamente robusta em um macacão vermelho e laranja-dourado com as costas arqueadas, uma cabeleira loira selvagem, garras de tigre e presas assustadoras. Como isso indica, a criatura pré-histórica é frequentemente retratada como vilões insensíveis, implacáveis e astutos. Até mesmo em filmes voltados para crianças, como na animação A Era do Gelo, os tigres dente-de-sabre, exceto Diego, são retratados como demônios violentos e vingativos, sem lei, cujos olhos estão voltados para uma criança Neandertal.

O nome e a reputação do cruel tigre dente-de-sabre, tão duradoura quanto assustadora, ofusca os de seus contemporâneos, e o felino com presas permanece um nome familiar e um dos símbolos mais importantes da Idade do Gelo até hoje. Então, o que há com o Smilodon que capturou - e continua a capturar - os medos, curiosidades mórbidas, corações, mentes e imaginações dos humanos do Holoceno depois de todo esse tempo? E quão exata é a percepção e compreensão do público em geral sobre o tigre dente-de-sabre? Além disso, se essas feras com dentes de sabre eram de fato tão impiedosas e indomáveis como são frequentemente retratadas, o que foi que as extinguiu?

Tigres com dentes de sabre: a história e o legado das mais famosas espécies extintas de felinos

O Início dos Tigres Dente-de-Sabre

A Idade do Gelo do Pleistoceno, sem dúvida uma das épocas mais fascinantes de toda a história, foi tão interessante que parece quase alheia à realidade. Por gerações, as crianças imaginaram o solo coberto de gelo tremendo enquanto um bando de mamutes peludos marcha pela planície ondulante, seus casacos desgrenhados de pele e presas parecidas com ganchos de quatro metros de comprimento brilhando sob o sol. Outro bando de poderosos rinocerontes-lanosos segue a reboque, com os chifres duplos e de 6.000 libras subindo para o céu como a lâmina delgada de uma cimitarra. De repente, um coro sinistro de respiração pesada ressoa no ar. Cortando através da névoa está um detetive de ursos de cara curta rosnando, suas feições raquíticas e suas patas e pernas desproporcionalmente longos - e musculosos - aumentando ainda mais o frio que corre pela espinha. Esse calafrio se transforma em um medo paralisante quando se vê o alfa se apoiar nas patas traseiras, elevando-se sobre seus homólogos a uma altura de 3,6 metros.

scrição de Robert Bruce Horsfall de um tigre dente-de-sabre lutando contra lobos terríveis sobre a carcaça de um mamute colombiano em La Brea Tar Pits (1913)

Seja como for, um lampejo de medo pisca nos olhos até mesmo da mais poderosa dessas bestas assim que ouvem uma respiração ofegante, seguida por um rosnado gutural. Esses sons reveladores, muitas vezes ouvidos tarde demais, indicam a presença de uma fera da Idade do

Gelo como nenhuma outra. Muitos desses animais, que sabem que é melhor não perder mais um segundo, correram para longe em todas as direções sem sequer olhar para trás, mas aqueles que não conseguiram escapar pela estreita fenda que era a janela da oportunidade seriam deixados para encarar as consequências. A julgar pelas sombras agourentas que repentinamente se desenrolaram na neve, combinadas com o silêncio abrupto e irremediavelmente denso, até eles provavelmente entenderam que suas perspectivas eram sombrias.

Os retardatários calculados rastejando nas sombras sendo descritos nada mais são do que uma emboscada de tigres dente-de-sabre, também conhecidos como Smilodon, indiscutivelmente a mais famosa de todas as criaturas pré-históricas que rondaram durante este período fascinante. Curiosamente, este felino com presas estava longe de ser o maior da megafauna da Idade do Gelo; na verdade, eles eram de tamanho médio, mais ou menos o equivalente a um leão moderno, com até mesmo as espécies maiores tendo em média cerca de um metro de altura e cerca de dois metros de comprimento. Embora essas dimensões certamente não sejam desprezíveis, o tigre dente-de-sabre era facilmente diminuído por qualquer mamute comum ou urso de cara curta, e competia por comida com linces pré-históricos, pumas, chitas americanas e leões americanos (que são considerados 25% maiores do que os leões modernos).

Para entender melhor o enigma emocionante que é o tigre dente-de-sabre, é necessário esclarecer primeiro equívocos e suposições comuns que foram erroneamente considerados como fatos. Para começar, embora os termos "tigre dente-de-sabre" e "gato dente-de-sabre" sejam frequentemente usados como sinônimos, eles são, na verdade, duas coisas diferentes. Para simplificar, nem todos os felinos dente-de-sabre eram tigres dente-de-sabre, mas todos os tigres dente-de-sabre eram felinos dente-de-sabre. Ao mesmo tempo, o tigre dente-de-sabre é o mais conhecido de todos os felinos dente-de-sabre. Quando as pessoas mencionam o tigre dente-de-sabre, na verdade estão se referindo ao Smilodon, um gênero (a categoria taxonômica entre "família" e "espécie") derivado da subfamília machairodont da Felidae (família do gato selvagem) que esteve na Terra até cerca de 10.000 anos atrás.

A confusão que continua a prevalecer é perfeitamente compreensível. Desconsiderando os padrões de pele e as diferenças de tamanho aparentemente insignificantes entre os diferentes tipos de felinos dente-de-sabre, o olho destreinado se esforça para distinguir esses felinos pré-históricos. Os tigres dente-de-sabre, como todos os outros felinos-dente-de-sabre, tinham as proporções baixas de um felino selvagem com orelhas pequenas e achatadas semelhantes, braços musculosos, patas traseiras poderosas e dentes caninos curvos em "forma de sabre" projetando-se para fora de ambos os lados de suas bocas, expondo-os plenamente, mesmo quando com as bocas fechadas.

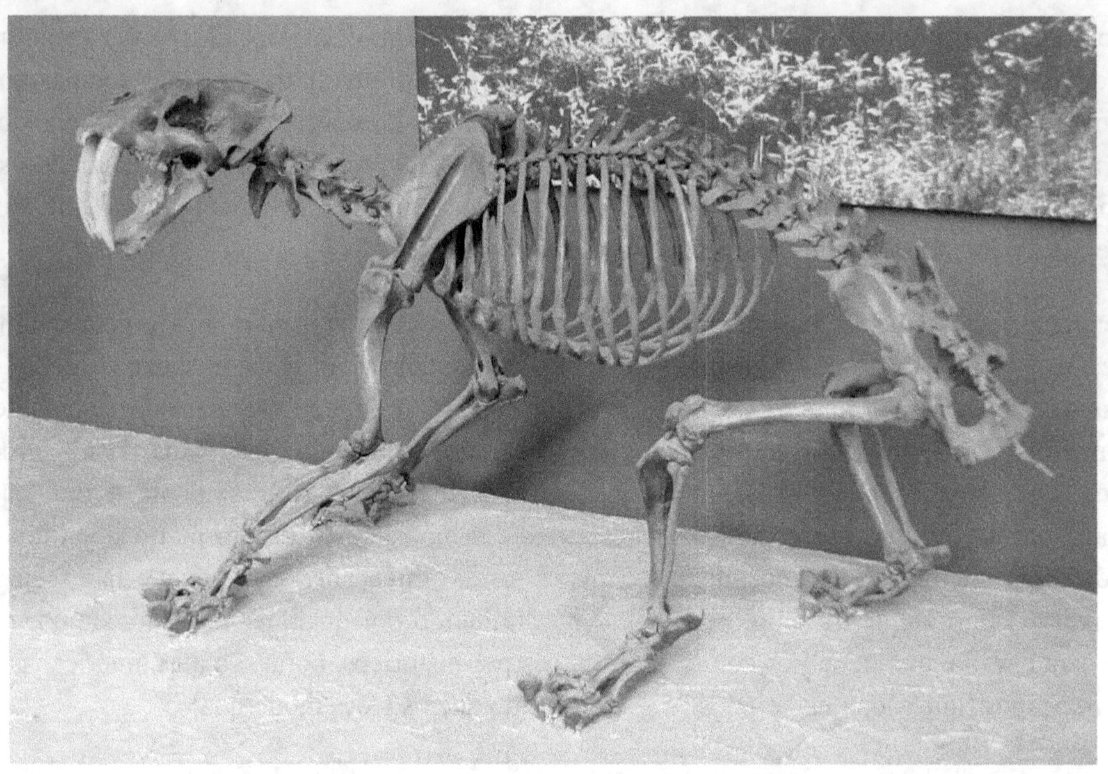

Foto de Ryan Somma de um esqueleto de tigre dente-de-sabre

Por mais comuns (e um tanto desconcertantes) que as diferenças entre os felinos com presas possam parecer aos leigos, elas existiam, com algumas delas tendo disparidades notáveis. Sob o extenso guarda-chuva do felino dente-de-sabre estava um diferente, o *Feliformia famílias*, uma subordem dentro da ordem Carnivora composta de carnívoros com características felinas, que incluíam gatos grandes e pequenos, mangustos, civetas, hienas, etc. Essas famílias incluíam os Nimravidae, às vezes referidos como "felinos dentes-de-sabre falsos", que se distinguiam por sua flange inferior afiada e projetada para baixo, que tinha o mesmo comprimento de seus caninos. Eles também incluíram o Barbourofelidae, uma besta do Mioceno com uma protuberância distintiva em forma de monte, mais ampla na parte de trás do crânio.

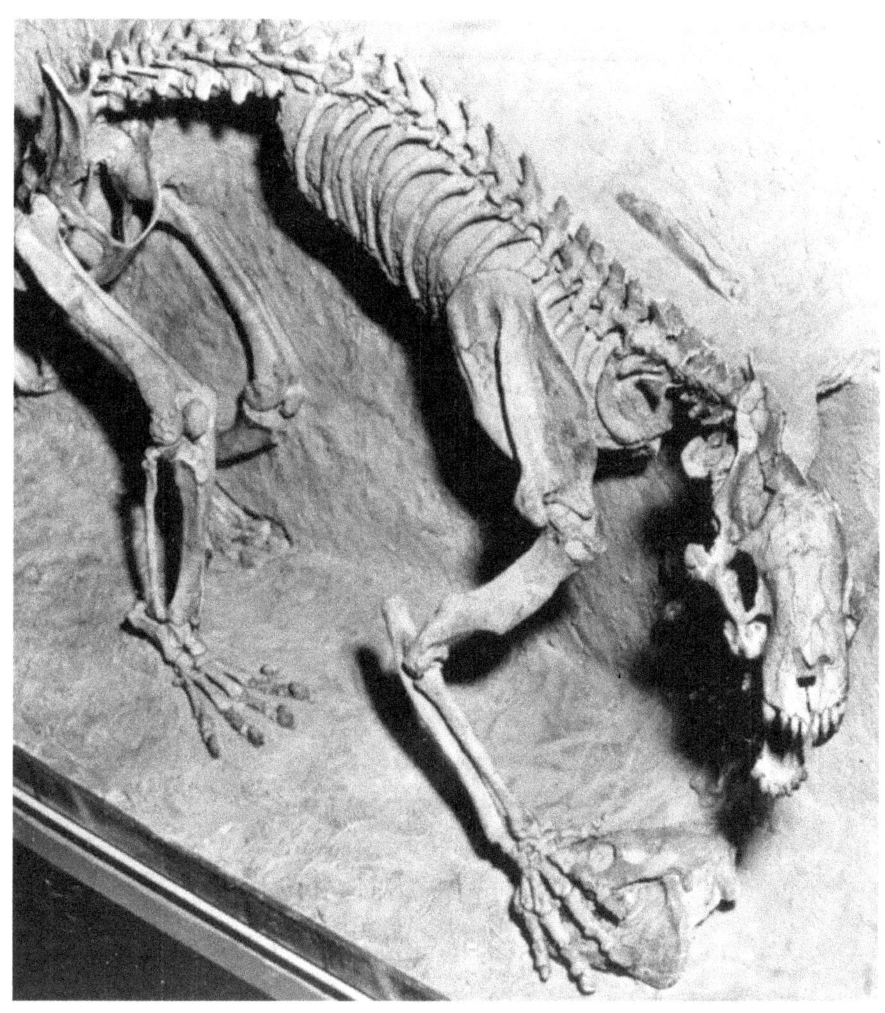

Um esqueleto de *Nimravidae*

Além dessas famílias estava o gênero Machaeroides , o mais antigo mamífero dente-de-sabre conhecido, emergindo na Época Eocena (34-56 milhões de anos atrás). Ele tinha um crânio alongado ainda mais longo e, em média, não era maior do que a de um cachorro comum. Seu gênero irmão, o de cabeça chata Apataelurus, era equipado com dentes caninos maiores. Também incorporados à árvore genealógica dos felinos dente-de-sabre estavam duas linhagens semimarsupiais: os deltatheroideanos, um grupo ainda existente de roedores dentes-de-sabre de tamanhos variados, e os Thylacosmilidae, uma família agora extinta da América do Sul Predadores metatherianos com flanges quase comicamente grandes e fendidas que se encaixam perfeitamente entre seus caninos e se dobram para trás em um ângulo estranho quando suas mandíbulas são bem abertas.

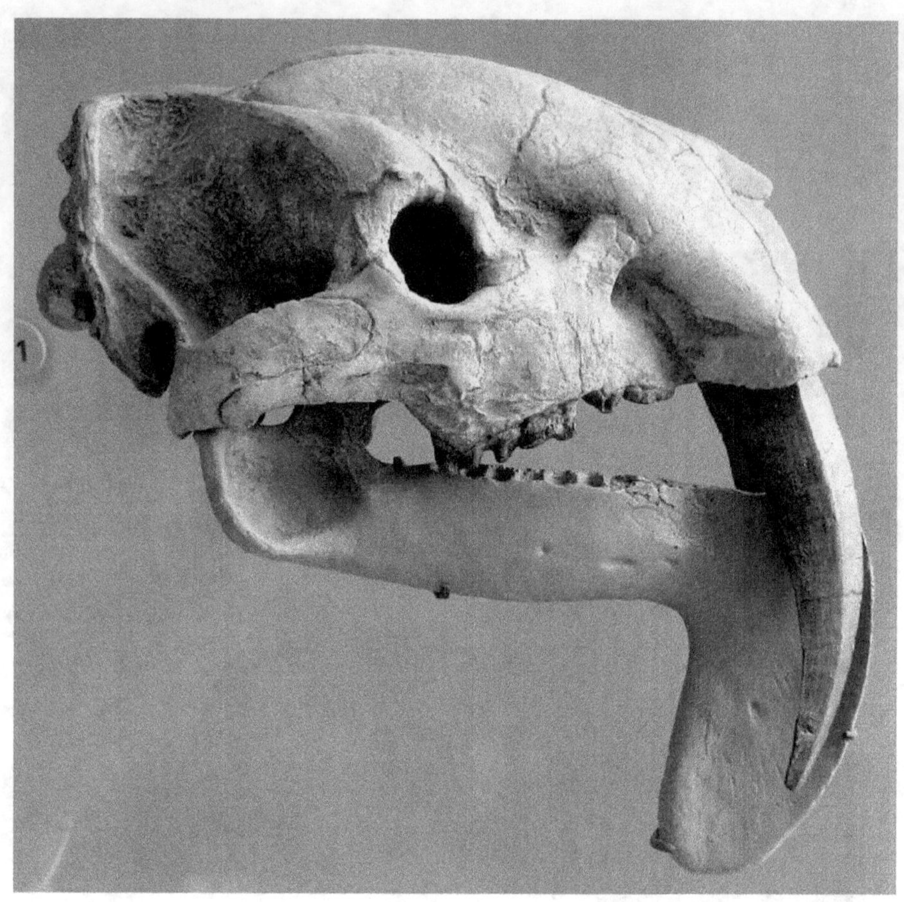

Imagem de Claire Houck de um crânio de _Thylacosmilidae_

O felino dente-de-sabre, classificado na família Felidae , era geralmente uma subfamília conhecida alternativamente como Machairodontinae. A própria subfamília dos dentes de sabre foi dividida em três classes principais: os Homotherini, também conhecidos como "gatos com dentes de cimitarra"; o Metailurini, ou "falsos dentes-de-sabre"; e os Smilodontini, ou "gatos com dentes de adaga". O Smilodon , como o nome sugere, está sob a tribo Smilodontini . Esses felinos, embora intimamente relacionados, foram categorizados de acordo com as diferenças em seus caninos proeminentes. Os caninos grossos do Homotherini eram curtos, delgados e de formato mais achatado, com pontas serrilhadas. Os felinos da tribo Metailurini exibiam caninos de comprimentos semelhantes, mas esses dentes eram visivelmente mais grossos em largura, com pontas mais lisas e opacas e, portanto, menos discerníveis em sua protrusão. Os descendentes da tribo Smilodontini , por outro lado, tinham caninos muito mais longos, muitas vezes mais estreitos e notavelmente mais afiados, que frequentemente se estendiam bem além de suas mandíbulas com pontas finamente serrilhadas.

O tigre dente-de-sabre, como todos os outros felinos-dente-de-sabre, foi o produto de um fenômeno conhecido como "evolução convergente", que se refere à evolução independente de características semelhantes entre criaturas diferentes e não relacionadas. Um exemplo é a estrutura e funções semelhantes compartilhadas pelas asas de morcegos, pássaros e insetos encontrados em diferentes partes do mundo. Esta é a antítese da "evolução divergente", um conceito mais popularmente exemplificado pelos tentilhões de Darwin, no qual uma única espécie se ramifica e se adapta ao seu novo ambiente com a ajuda de diferentes características evolutivas recentes. Os bicos dos tentilhões espalhados pelas Ilhas Galápagos difeririam em forma e tamanho, alterados por necessidade de acordo com as fontes de alimento encontradas em seus habitats. Os caninos longos e afilados de Smilodon à parte, aqueles afetados pelo processo evolutivo convergente também desenvolveram membros carnudos, torsos robustos e uma bochecha cavernosa. Esses ingredientes evolutivos se tornaram tão prevalentes em várias espécies que os cientistas costumam se referir ao pacote como o "kit dente de sabre".

Outra suposição facilmente compreensível, mas ainda falsa, feita sobre o tigre dente-de-sabre é seu parentesco próximo com os tigres modernos. Os tigres dente-de-sabre não estão intimamente relacionados aos tigres de hoje, apesar da indicação do apelido. Na verdade, o tigre dente-de-sabre não é parente de nenhum felino moderno. Esta conexão falaciosa foi proposta pela primeira vez em 1992 e mantida até 2005, quando os cientistas argumentaram que o Smilodon garantiu sua própria linhagem separada. Isso foi confirmado em 2016.

Nenhum verdadeiro descendente do Smilodon ou de qualquer outro felino dente-de-sabre existe hoje, e apenas ramificações indiretas que se desviaram de um ancestral comum, muito antes do aparecimento do Smilodon, sobreviveram. Este primo distante em questão não é um tigre, nem um leão, mas o leopardo-nebuloso. Cientificamente referido como Neofelis nebulosa, o gato selvagem carnívoro de vida longa é equipado com patas acolchoadas hábeis, dentes caninos curtos, mas afiados, e uma bela pele de cor taupe salpicada com um padrão distinto de listras e manchas escuras. É encontrada principalmente em áreas que se estendem do sopé do Himalaia à China, Indonésia, Tailândia e Bornéu. Infelizmente, o leopardo-nebuloso corre o risco de sofrer o mesmo destino do dente-de-sabre, com seus números diminuindo como resultado da caça ilegal e dos danos incapacitantes infligidos a seus habitats naturais. O leopardo-nebuloso de Formosa, antes endêmico da ilha-nação de Taiwan, agora está completamente extinto.

Imagem de Cathleena Beams de um leopardo-nebuloso

O leopardo-nebuloso é o único mamífero vivo hoje com uma estrutura craniana e uma proporção crânio-canino comparável à do tigre dente-de-sabre. Em média, os caninos superiores de tigres, leões, onças e outros felinos atuais medem menos ou não mais do que 20% de seus crânios no comprimento. Os caninos de leopardos-nebulosos, no entanto, mediam entre 23-25% de seus crânios de comprimento. É claro que, embora de fato visivelmente mais longo do que seus homólogos modernos - considerados uma "exceção" pelos padrões de hoje - as estatísticas do leopardo-nebuloso não se comparam à proporção crânio-canino do tigre dente-de-sabre. Os conspícuos caninos de um Smilodon típico tinham pelo menos metade do comprimento (ou mais) de seus crânios.

Outro paralelo pode ser traçado entre os ângulos da mandíbula das espécies distantes. O leopardo nublado possui discretamente algumas características extraídas do clássico "kit dente-de-sabre". Junto com os ossos faciais do leopardo-nebuloso, que são girados em direção à sua extremidade posterior, bem como outros mamíferos dente-de-sabre, os leopardos-nebulosos e tigres dente-de-sabre compartilham uma abertura extraordinariamente larga. De acordo com os dados publicados por Per Christiansen, autor de um artigo de 2006 intitulado "Personagens dente-de-sabre no leopardo-nebuloso (Neofelis nebulosa Griffiths 1821)", o leopardo-nebuloso é capaz de abrir a boca até 90 graus, ultrapassando qualquer outro gato selvagem ou carnívoro vivo hoje. Essa característica, como Christiansen observou, é "um valor normalmente considerado viável apenas em dentes-de-sabre extintos".

Um artigo publicado por Rudemar Ernesto Blanco e seus colegas da Universidad de la

Republica do Uruguai no Journal of Zoology em 2013 também relacionou o tigre dente-de-sabre a outro parente distante improvável, mas possível. A identidade surpreendente deste parente distante é ainda mais inesperada simplesmente porque ele não é um felino selvagem, nem mesmo um pequeno gato doméstico, mas um marsupial pequeno conhecido como Monodelphis dimidiata, mais comumente conhecido como "cuíca-marrom." A conexão está no comprimento dos caninos da cuíca-marrom em proporção ao tamanho de seu corpo, que transcende em muito as proporções de qualquer outro marsupial vivo - carnívoro e herbívoro - como o Diabo-da-Tasmânia e o Quoll Australiano.

Um esboço da cuíca-marrom na obra de Charles Darwin

Os exames dos crânios dos carnívoros em miniatura, embora variando apenas entre 45-100 gramas de peso e cerca de dez a quinze centímetros de comprimento, revelaram caninos superiores que mediam, em média, cerca de três a sete milímetros, que se projetavam de ambos os cantos de suas bocas, mesmo quando fechadas. Essas proporções canino-para-corpo, Blanco e seus colegas insistiram, era a marca registrada de um predador dente-de-sabre, até mesmo excedendo a proporção dente-torso de muitas cimitarras extintas e felinos dente-de-sabre falsos. O crânio de uma cuíca-marrom também tinha mais semelhanças com a estrutura craniana de um tigre dente-de-sabre, em oposição à ao leopardo-nebuloso. Esta observação por si só, Blanco concluiu, derrubou o leopardo-nebuloso do topo da lista de parentes existentes do tigre dente-de-sabre.

Tendo isso em mente, acredita-se que a mistura das qualidades do dente-de-sabre e "traços não especializados" encontrados na cuíca-marrom seja o produto de outra teoria evolucionária. Rotulado de "evolução em mosaico", o conceito gira em torno de traços emergentes em um padrão de "patchwork" ou "mosaico", o que sugere que os processos evolutivos nem sempre são simultâneos, mas ocorrem em um ritmo gradativo. Há um artigo de 2013 publicado por The Evolution Institute sobre isso: "Isso significa que algumas partes do crânio de uma determinada espécie podem exibir características de dente-de-sabre em um grau mais extremo do que outras em um determinado momento."

Outros cientistas também identificaram vestígios do tigre dente-de-sabre no agora extinto salmão-dente-de-sabre, bem como na morsa-dente-de-sabre existente, no cervo almiscarado com presas e javalis. Diz-se que a morsa de nadadeiras tem os maiores caninos de todas as criaturas dentadas de sabre existentes, com seus dentes crescendo em qualquer lugar entre 14-39 polegadas de comprimento.

Um dos supostos ancestrais mais antigos do tigre dente-de-sabre foi o Gorgonopsia, que tem sido referido como o "tigre dente-de-sabre do período Permiano". Os Gorgonopsia eram tecnicamente sinapsídeos e tetrápodes (criaturas de quatro patas) que surgiram pela primeira vez em algum momento durante o Período Permiano. Este foi o último período da Época Paleozoica, que começou durante os 47 milhões de anos finais do Período Carbonífero, 298,9 milhões de anos atrás, até os primeiros anos do período Triássico, que começou há cerca de 251,902 milhões de anos. Como sinapsídeos, descritos como répteis fósseis que vagavam pela natureza durante os períodos Permiano e Triássico, os gorgonopsianos exibiram progressivamente traços de mamíferos para acompanhar suas qualidades reptilianas, e muitos dos gorgonopsianos (dos quais havia mais de 30 gêneros) foram os ancestrais diretos de mamíferos de pleno direito.

Os gorgonopsianos, assim como os tigres dente-de-sabre, foram alguns dos predadores mais dominantes no sul da África, onde residiam principalmente; remanescentes desse antigo clado também foram recuperados na Rússia e na China, por conta do efeito Pangeia. Apesar da natureza reptiliana das várias espécies gorgonopsianas, as criaturas - particularmente as maiores do clado - compartilhavam algumas semelhanças notáveis com seus supostos descendentes de dentes-de- sabre. O maior gorgonopsiano, o Inostrancevia, variava em qualquer lugar entre o rinoceronte e o urso preto em tamanho e muitas vezes se banqueteava com outro clado de sinapsídeos de tamanho semelhante conhecido como "dinocéfalos", bem como para-répteis herbívoros menores chamados "pareiasauros , "Um assim chamado" clado irmão "de pássaros e répteis reais. Como o tigre dente-de-sabre, os gorgonopsianos costumavam ser predadores intrépidos que não hesitavam em enfrentar feras muito maiores do que eles, com alguns dinocéfalos medindo até 4,5 metros de comprimento e quebrando a balança várias vezes, pesando 4.400 libras. A mais saliente de todas essas semelhanças, no entanto, eram os caninos salientes das feras gorgonopsianas, as mais reconhecíveis de todas as características dente-de-sabre, que lhes permitiam sangrar e dilacerar melhor presas de todos os tamanhos. Para colocar isso em melhor perspectiva, o Inostrancevia, que atingiu até 11,5 pés de comprimento, emparelhado com um peso médio de 661 libras, eram dotados de afiados caninos de seis polegadas em forma de sabre - cerca de um terço do comprimento de seus crânios.

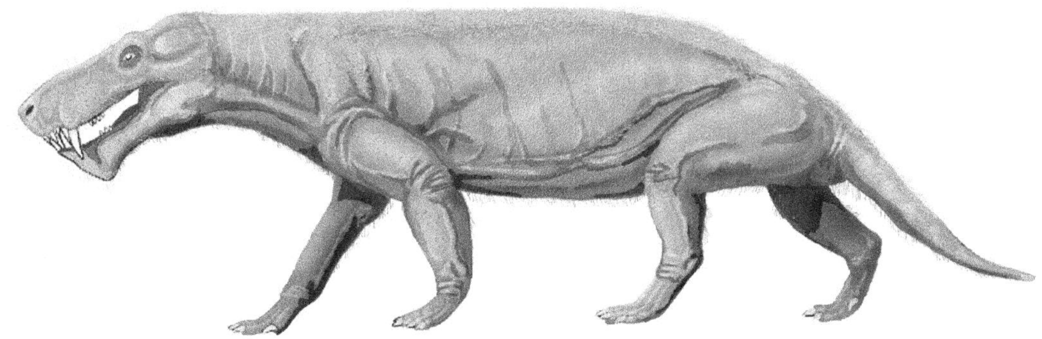

Representação de Dmitry Bogdanov de um Gorgonops

Uma série de projetos de pesquisa e estudos conduzidos no século 21 também trouxeram alguma luz sobre a história do Smilodon e até adicionaram novos ramos à árvore genealógica do animal. Em 2013, um novo tipo de felino dente-de-sabre foi descoberto no centro-sul da Flórida e denominado Rhizosmilodon fiteae pelos paleontólogos Richard Hulbert Jr. e Steve Wallace. Até aquele ponto, os únicos fósseis que foram recuperados dessas fossas de cinco milhões de anos pertenciam aos de outros dois felinos dente-de-sabre: o Megantereon, um gênero parecido com o jaguar do felino-dente-de-sabre machairodontino que rondava os campos da Eurásia, África e América do Norte e apresentavam flanges em sua mandíbula que albergavam seus caninos proeminentes quando sua boca estava fechada; e o relativamente maior Machairodus coloradensis , que era endêmico da América do Norte durante o final do período Mioceno e apresentava caninos longos, finos e achatados em ambos os lados da boca. Ao examinar os restos de Rhizosmilodon fiteae, que incluía uma mandíbula quebrada e um pedaço dos dentes da bochecha do felino, Hulbert e Wallace determinaram que a espécie pertencia perto da base da linhagem em que Megantereon e Smilodon divergiram cerca de 18 milhões de anos atrás.

Um modelo de Megantereon

Existem, portanto, duas teorias prevalecentes sobre as origens do Megantereon e do Smilodon. A localização do fóssil Rhizosmilodon , o fóssil mais antigo de um felino dente-de-sabre encontrado até hoje, indica que tanto o Megantereon quanto o Smilodon podem ter aparecido pela primeira vez na América do Norte e mais tarde se separado de um ancestral comum norte-americano. A partir daí, o Megantereon eventualmente acabou e se espalhou pela África, Ásia e Europa, enquanto o Smilodon permaneceu nas Américas. O mamífero terrestre Blancan da América do Norte ou idade da fauna, que começou há cerca de 4,75 milhões de anos e se desenvolveu há cerca de 1,806 milhão de anos, também deu origem a duas novas espécies: o Megantereon hesperus e o Smilodon gracilis.

A segunda teoria traz as semelhanças entre o Smilodon e o Rhizosmilodon em foco. Conforme sustentado por alguns cientistas, suas semelhanças superam as semelhanças entre Rhizosmilodon e Megantereon, que sugere a existência de um ancestral ainda mais antigo e ainda não descoberto que caiu entre Megantereon e Smilodon, linhagens de sangue que possivelmente habitaram a África ou a Eurásia. Isso significaria que os ancestrais de ambas as linhagens penetraram no reino da América do Norte em momentos diferentes. De qualquer forma, a descoberta dos fósseis Rhizosmilodon nos fossos floridianos de cinco milhões de anos confirmou que os felinos dentes-de-sabre entraram na América do Norte muito antes do que se acreditava.

Megantereon e Rhizosmilodon à parte, o Smilodon também compartilhou um ancestral comum com os Homotherini (gatos com dentes de cimitarra). Em algum momento da década de 2000, os cientistas se empenharam na construção de "reconstruções parciais do genoma" de um espécime sul-americano Smilodon , ao lado de três espécimes diferentes Homotherini da América do Norte e da Europa. Graças aos resultados do experimento meticuloso, um ancestral comum ao Smilodon e Homotherini (também compartilhado por todos os felinos existentes) foi identificado e estima-se que tenha existido há aproximadamente 20 milhões de anos. As misteriosas semelhanças genéticas entre felinos que residiam em continentes totalmente diferentes, assim como a lacuna marcada nos registros fósseis de dente de sabre na Eurásia, confundiram muitos especialistas. Os pesquisadores também ainda não descobriram uma razão definitiva para o aparecimento de ossos de Homotherini na Europa, que foram encontrados 200.000 anos depois de terem sido eliminados do continente.

Rachel Lallensack, colaboradora da revista online Nature, acreditava que era tão simples e direto quanto a migração de felinos pré-históricos. Ela escreveu: "O espécime do Mar do Norte pode ser uma evidência de que os gatos migraram de volta para a Europa Ocidental vindos da Ásia ou através da ponte de terra de Bering da América do Norte". Oferecendo outra explicação para as inconsistências aparentes, ela acrescentou: "Ou pode ser que a população da Eurásia H. latidens diminuiu para números tão baixos que os animais simplesmente não aparecem no registro fóssil."

Johanna L.A. Paijmans, da Universidade Alemã de Potsdam, que liderou o projeto de reconstrução parcial do genoma, resumiu sucintamente os resultados do experimento, bem como suas implicações fascinantes: "Com base no DNA mitocondrial, estimamos que os gatos domésticos e os felinos dente-de-sabre compartilharam um ancestral comum há cerca de 20 milhões de anos. [Esta] é uma divergência bastante profunda, considerando que todas as espécies modernas semelhantes aos felinos são estimadas em terem divergido 10-15 milhões de anos atrás. Os gatos domésticos são, portanto, mais próximos de tigres e pumas do que de felinos dente-de-sabre. Isso [também] significa que um gato doméstico está mais próximo de um tigre [dos dias modernos] do que as duas espécies de felino-dente-de-sabre estão um com o outro."

Essas revelações nos últimos anos ajudaram a dar corpo a um quadro melhor, embora ainda não muito claro, da árvore genealógica do tigre dente-de-sabre, bem como as condições que prevaleceram ao longo de sua complexa evolução.

Os primeiros felinos conhecidos apareceram pela primeira vez durante a Época Oligocena na Europa, que começou há cerca de 33,9 milhões de anos e terminou há cerca de 23 milhões de anos. Embora essa época relativamente breve não tenha durado mais do que 11 milhões de anos, uma série de mudanças importantes - tanto evolutivas quanto relacionadas ao clima - ocorreram. Além das alterações na aparência e nas funções dos apêndices modificados em numerosos animais, como vistos em cavalos e elefantes primitivos, uma variedade de nova vegetação apareceu. A nova flora literalmente plantou as sementes das pastagens extensas que surgiram durante a Era Miocena que se seguiu, e essas pastagens serviram como fontes de alimento para as presas do então nascente Smilodon. Predadores do ápice, incluindo o Smilodon, foram então atraídos para esses locais, que estavam repletos de potenciais refeições.

Os padrões de migração dos felinos dente-de-sabre e do Smilodon também podem ser atribuídos a outras mudanças climáticas. O início e a persistência do processo de resfriamento da Terra, que durou ao longo dos anos do Oligoceno, desempenhou um papel bastante crítico na formação dos habitats e no comportamento de várias faunas. Debaixo d'água, criaturas marinhas que poderiam suportar melhor as temperaturas mais frias migraram para áreas mais distantes do calor do equador, criando assim províncias mais bióticas. Os mamíferos, por outro lado, começaram a proliferar em terra e, com exceção da Austrália, elefantes, cavalos, camelos, veados, primatas, caninos e felinos começaram a se multiplicar em todos os continentes. À medida que esses mamíferos mencionados começaram a migrar da Ásia para a América do Norte, e vice-versa, as linhagens desses mamíferos, incluindo as dos ancestrais do tigre dente-de-sabre, tornaram-se ainda mais dispersas. Muitas das presas do felino com presas também começaram a aumentar de tamanho graças ao seu acesso recém descoberto a savanas e pastagens florescentes.

As pontes terrestres foram fundamentais para a migração em massa e diversificação dos mamíferos terrestres ao longo do Mioceno. Essas rotas foram criadas com a queda do nível do mar e a petrificação dos mares interiores, que então serviram de ponte ou viaduto natural entre dois continentes antes inacessíveis devido às barreiras de água. Uma dessas barreiras de água era o oceano de Tethys, o corpo mesozoico de água que separava Gondwana (consistindo de África, América do Sul, Arábia, Índia, Austrália, Madagascar e Antártica) da Laurasia (Europa, Ásia e América do Norte). Pontes terrestres - principalmente avenidas migratórias entre a Eurásia, América do Norte e África - permitiram que mamíferos como o Smilodon tivessem acesso a novos habitats, aos quais se adaptaram rapidamente devido à abundância de pastagens e presas.

O primeiro felino conhecido equipado com qualidades de dente-de-sabre foi o gênero Pseudaelurus , que apareceu pela primeira vez no Mioceno, uma época que começou há 23 milhões de anos e terminou há cerca de 5,3 milhões de anos. As espécies Pseudaelurus foram as primeiras a se assemelhar aos felinos atuais, com seus tamanhos variando de um gato doméstico a um lince comum. Esses felinos pré-históricos tinham espinhos muito mais longos, e traços dos molares extras que eles carregam ainda são visíveis nos dentes da bochecha vistos em felinos dentes-de-sabre e felinos modernos hoje. Brian Switek, autor do artigo 2016 PBS "The Making of the Cat", explicou a importância do Pseudaelurus no desenvolvimento do tigre dente-de-sabre: "Este felino do tamanho de um lince representa basicamente o plano corporal padrão de um gato que se proliferaria em todo o planeta pelos próximos 20 milhões de anos."

Os felinos durante este tempo migraram para e da Ásia para as Américas pelo menos 10 vezes, o que permitiu a evolução de numerosas espécies e linhagens em todos os continentes, exceto

Austrália e Antártica. Além das novas raças de cavalos que surgiram na América do Norte, como o magro e pescoço comprido Parahippus e o burro Pliohippus, que demonstraram a variegação de espécies ocorrida nesse período, o mundo adquiriu sua primeiros ursos, caninos e hienas, bem como os primeiros felinos dente-de-sabre pertencentes à subfamília Machairodontinae . As alterações nos crânios e mandíbulas desses felinos dentes-de-sabre à parte, seus dentes caninos alongados e lacunas cada vez mais largas permitiam que enfrentassem animais de grande porte com maior precisão. O alongamento de seus caninos veio com o alongamento e fortalecimento proporcionais de seus corpos; ao mesmo tempo, o encurtamento de suas regiões lombares e caudas lhes deu mais agilidade e permitiu que desabilitassem presas maiores de maneira mais eficaz. Os tigres dente-de-sabre, junto com seus outros dentes-de-sabre, estavam se tornando cada vez mais ferozes com o tempo.

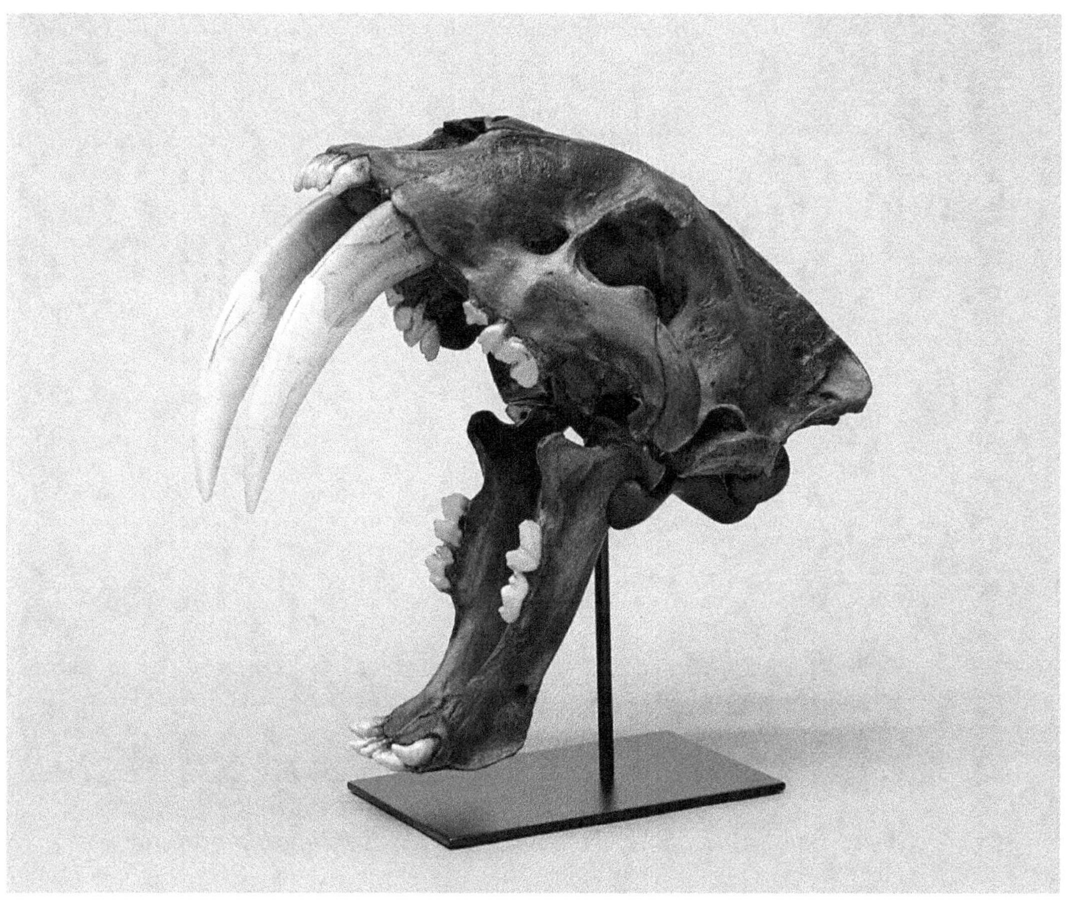

Uma imagem de um crânio Smilodon fatalis em sua abertura máxima

O Smilodon surgiu na América do Norte e na Europa durante o Mioceno e estava dominando essas regiões na época do Plioceno, que se estendeu de 5,33 milhões de anos a 2,58 milhões de anos atrás. Foi durante o Plioceno que o Smilodon migrou para a África e a Ásia. As raças mais jovens desses felinos com presas continuaram para a América do Sul na época do Pleistoceno que se seguiu, que começou há 2,5 milhões de anos e terminou há cerca de 10.000 anos, também conhecida como a época da era do gelo mais recente.

Os membros mais antigos e resistentes do Smilodon foram Smilodon fatalis, que apareceu há aproximadamente seis milhões de anos e viveu até o colapso do gênero cerca de 10.000 anos atrás. O Smilodon gracilis, a segunda espécie mais velha sob o guarda-chuva Smilodon , aparecendo pela primeira vez há cinco milhões de anos e morrendo há 500.000 anos. O próximo na fila foi o Smilodon neogaeus, que entrou em cena há três milhões de anos e morreu há cerca de 500.000 anos. Por último, mas certamente não menos importante, foi o populador Smilodon, que só se revelou há cerca de um milhão de anos e se extinguiu não muito depois da extinção do fatalis.

Foto de Michael B.H. de um crânio de *Smilodon populator*

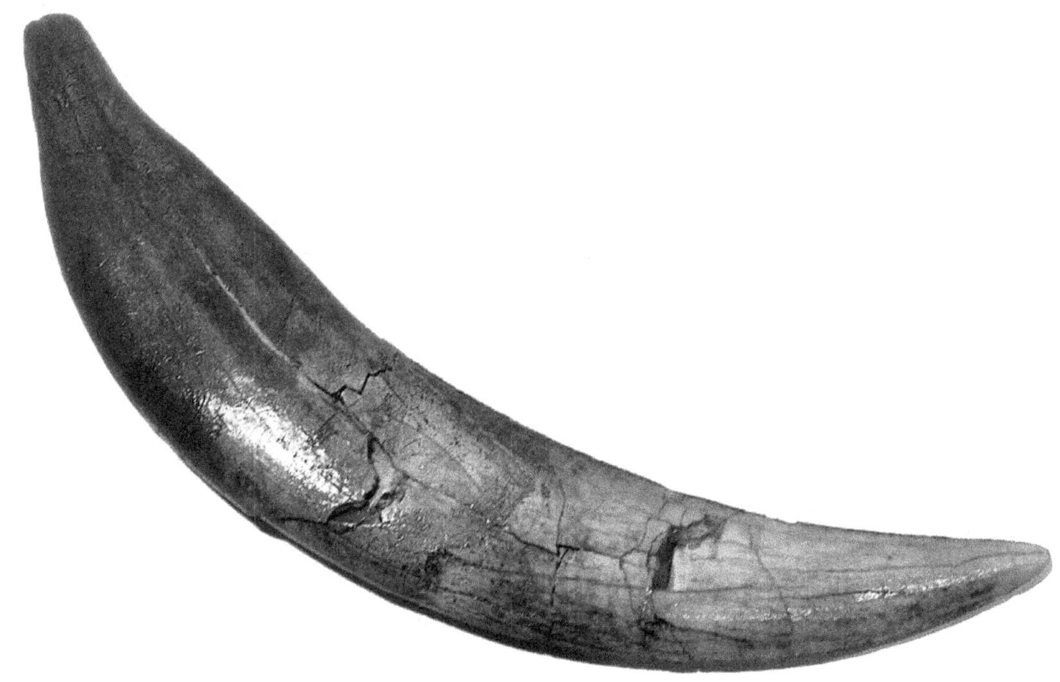

Foto de Fernando da Rosa de um canino de *Smilodon populator*

Como um todo, o Smilodon estava longe de ser a espécie sobrevivente mais longa entre os animais pré-históricos. A duração de sua existência, embora nada desprezível, empalideceu em comparação aos tubarões-vaca, que existiram por cerca de 175 milhões de anos, ou crocodilianos, que existem há cerca de 205 milhões de anos. Mesmo assim, o tigre dente-de-sabre mais do que deixou sua marca na história do reino animal.

O Poderoso Machairodontinae

"Um tigre dente-de-sabre solitário

Persegue sua presa.

Suas unhas cavam levemente na terra espalhada

Seus olhos firmes

Sua pelagem impecável e seus dentes pálidos ...

Pairando sobre a selva e o deserto ... "- Dan Miller, "O Tigre Dentes-de-Sabre"

Naturalmente, é impossível compreender a destreza do tigre dente-de-sabre sem entender sua aparência e construção em todos os detalhes. Resumidamente, o felino com presas parecia ser um cruzamento entre uma leoa e uma chita com esteroides, com costas e tórax largos, pescoço grosso, semelhante a um tronco, curto, mas musculoso, e seus ameaçadores caninos cutelos, muitas vezes manchado com o carmesim de sangue fresco. O Smilodon mediano era pelo menos trinta centímetros mais baixo do que um leão atual, mas tinha quase o dobro do peso e completava sua imagem assustadora com um rabo curto. O apêndice atarracado era um dos muitos fatores que diferenciavam o Smilodon dos leões, leopardos e guepardos modernos, que são equipados com caudas longas e delgadas que fornecem o equilíbrio necessário para perseguir suas presas. A compactação do rabo do tigre dente-de-sabre, bem como seus longos ossos do calcanhar, que lhe permitiam saltar com maior força, indica que o Smilodon não dependia de sua velocidade, mas do elemento surpresa para eliminar seus presa, ressaltando seu duplo terror.

Inúmeras ilustrações e modelos de tigres dentes-de-sabre têm circulado ao longo dos anos, representações baseadas em uma mistura de evidências fósseis, teorias científicas e imaginação artística. A pele e as peles orgânicas dos tigres dente-de-sabre, mesmo aquelas preservadas em fossos de asfalto e permafrost, teriam se deteriorado e dissolvido por muito tempo, deixando nada além de ossos para trás. Como tal, os cientistas só podem confiar em suposições educadas para determinar a cor e os padrões (se houver) de suas pelagens.

Os felinos de hoje possuem pelagens que variam de cores lisas e sólidas, além de faixas escuras a manchas hipnóticas. Na maioria das vezes, as pelagens servem como camuflagem e, portanto, correspondem aos cenários de seus habitats. Felinos que residem em espaços abertos iluminados pela luz natural são mais propensos a ter cores simples, mas brilhantes, enquanto aqueles que habitam em selvas densas e cobertas e habitats florestados, preferindo principalmente perseguir e caçar ao anoitecer, possuem cores mais glamorosas, como os listrados com manchas e listras horizontais. A mesma lógica provavelmente se aplica ao tigre dente-de-sabre. Tigres dentes de sabre que frequentavam chapadas e matagais teriam sido munidos com padrões impressionantes de listras e manchas, não muito diferente da tribo Dinofelis (um gênero de gatos dentes-de-sabre que pertenciam ao grupo de metailurini). Tigres dentes de sabre, como outros felinos primitivos que caçavam no país abertamente, possuíam pelagens de cor sólida (marrom, bronzeado, preto, amarelo-dourado e branco) de modo a se misturar melhor com seus entornos.

A diferença sutil também ficou evidente nas aparências de diferentes espécies de Smilodon . Em linhas gerais, o povoado Smilodon, que prosperou principalmente na América do Sul durante o Pleistoceno Tardio (entre 2 milhões e 10.000 anos atrás), foi o mais prodigioso fisicamente de todos os tigres dentes-de- sabre, pesando entre 485-882 quilos e ficando a cerca de quatro metros de altura.O comprimento do tronco de um populator herculano era de, no entanto, mais do que o dobro de sua altura, tendo até 8,5 pés de comprimento, menos a cauda. Naturalmente, o populator , como proporcional ao tamanho de seu corpo, foi equipado com o mais longo dos "tigres de rabo curto" que também eram dentes-de-sabre, com uma média de cerca de 11,8 polegadas de comprimento. O populator tinha os maiores caninos, com os populators de tamanho médio ostentando presas grossas de 12 polegadas, 6,7 polegadas das quais estavam expostas com a boca fechada. O populator também era reconhecível por seus ombros musculosos de alto nível, uma parte traseira proeminente que inclinava para baixo, e uma leve corcunda entre a nuca e a inclinação de suas costas.

O Smilodon fatalis era um felino de tamanho médio, pesando entre 353-617 libras. O felino de dentes-de-sabre possuia presas de sete polegadas tinha aproximadamente 3,3 pés de altura e cerca de 5,7 a 6,6 pés de comprimento sem contar o rabo, com costas mais retas se comparado com o espécime populator . O fatalis parecia ser um dos mais aventureiros das espécies Smilodon , como poderia ser encontrado espalhado pela América do Norte central e sul (incluindo uma grande população no que é hoje o Texas), a parte ocidental da América do Sul e América Central.

O Smilodon gracilis, também amplamente distribuído pelos continentes americanos, foi o menor de todos os Smilodon, pesando entre 121-220 libras, com proporções menores e fortes comparáveis às de um leão ou puma da montanha moderna. O gracilis era quase um pé inteiro mais baixo que o fatalis médio, com cerca de 2,5 pés de altura, e um tronco medindo 6,5 pés de comprimento, incluindo seu rabo curto. Embora o gracilis fosse tipicamente menor do que um comum fatalis, seus caninos eram de comprimentos semelhantes. Mesmo assim, enquanto as presas do fatalis e dos gracilis raramente excediam sete polegadas, suas forças de mordida eram presumivelmente mais poderosas do que as do povoado , uma vez que animais com dentes mais curtos são frequentemente capazes de entregar mordidas mais controladas e impressionantes.

Se o tigre dente-de-sabre tinha o meio de produzir um rugido estrondoso ainda é uma questão de debate, mas a maioria dos cientistas acreditava que poderia. As caixas vocais dos felinos estão estruturadas de duas maneiras. O primeiro, que é composto por entre 9-11 ossos, permitia ao felino ronronar, mas não rugir. O segundo, que consistia em cinco ossos, dois dos quais amarrados por um ligamento elástico, permitia o inverso. Considerando os cinco ossos encontrados na laringe do Smilodon, bem como o tamanho e flexibilidade do osso hioide do felino pré-histórico (também conhecido como "osso da língua"), é razoavelmente seguro concluir que o tigre dente-de-sabre tinha a capacidade de rugir.

Aqueles hesitantes em tirar tal conclusão, como Ashley Reynolds, especialista em felinos fossilizados da Universidade de Toronto, apontam para as laringes de leopardos da neve e outros "gatos panteras". Embora tenham uma estrutura semelhante e apresentem o mesmo ligamento elástico, esses felinos silenciosos não rugem. Reynolds explicou: "Não é uma relação direta entre ter esse ligamento e ser capaz de rugir, mas é certamente interessante pensar que Smilodon pode ter tido essa habilidade."

As orelhas curtas, planas e baixas do Smilodon, não muito diferente dos grandes gatos de hoje, aguçaram ainda mais suas habilidades de caça, pois podiam sintonizar uma ampla gama de frequências e uma série de ruídos agudos, permitindo-lhes discernir diferentes tipos de presas. A orelha de um tigre dente-de-sabre teria sido controlada por quase três dúzias de músculos, o que possibilitou um período de rotação de 180 graus. Em comparação, o ouvido humano é ferramentado apenas por três músculos e um trio de ossos minúsculos e delicados.

Ao contrário da crença popular, não foram os caninos, nem os dentes coletivamente, que fizeram do tigre dente-de-sabre uma força a ser contada, mas sim suas pernas dianteiras excessivamente grossas e poderosas. As pernas incrivelmente musculosas do Smilodon provavelmente compensaram a fragilidade relativa de seus caninos. Como disse Julie Meachen, paleontóloga de vertebrados e auto-proclamada "Mulher Gato de Sabre" da Universidade de Des Moines, o Smilodon "deve ter usado seus membros dianteiros mais do que qualquer outro gato". Isso faz sentido porque os caninos do tigre dente-de-sabre, não muito diferente das panteras e tigres atuais, estavam longe de serem invencíveis. Sua força de mordida foi embalada com 220 quilos de poder de esmagamento, que excede a força de mordida de um adulto humano (78 quilos aproximadamente), mas um leão moderno, não equipado com caninos grandes, tem uma força de mordida de 250 quilos. Os caninos doSmilodon eram "circulares em seção transversal" e curvados para dentro, um design evolutivo que ajudou a manter seus caninos e o resto de seus dentes intactos. Se tigres dentes-de-sabre simplesmente afundassem seus longos e finos caninos em presas vivas enquanto elas se debatessem, particularmente aquelas com o dobro do seu tamanho, em uma tentativa de arrancar de um pedaço de sua carne, eles não só falhariam miseravelmente, mas seus caninos também provavelmente seriam severamente fraturados ou arrancados completamente. Em vez disso, tigres dentes de sabre derrubaram suas presas com seus poderosos membros dianteiros, que alguns dizem serem poderosos o suficiente para derrubar um bisão adulto, prendendo-o no chão com suas garras retráteis e imobilizando-as antes de ir em direção à matança. Meachen observou: "Descobri que eles tinham ossos corticais muito grossos do úmero – muito mais espessos do que qualquer gato não dente-de-sabre vivo ou extinto. Eu hipotizei que este espessamento cortical extremo estava correlacionado com os sabres extremamente longos. Os membros robustos permitiram Smilodon conter sua presa para que ele fosse capaz de dar uma mordida de matar sem danos aos seus dentes de sabre."

Claro, isso não quer dizer que suas presas eram completamente inúteis, já que tigres dentes-de-sabre usavam suas presas não como instrumentos de empalamento, mas como lâminas finas que cortavam a jugular e as traqueias de suas presas com precisão quase cirúrgica, o que levava à rápida perda de sangue, seguida por estripamento ocasional e morte inevitável. As mandíbulas do Smilodon podem não ter sido poderosas o suficiente para estrangular ou esmagar eficazmente as espinhas de suas presas, mas suas presas e dentes podem rasgar o abdômen e outras partes macias e carnudas de suas vítimas, permitindo-lhe consumir até mesmo as maiores dos animais com facilidade.

A propósito, foi a grande boca de Smilodon , que media incríveis 120 graus, ao contrário da boca de 60 graus dos leões selvagens de hoje, que manteve os dentes de sabre intactos e permitiu-lhes o uso completo e confortável de sua dentição. Além de rasgar grandes pedaços de carne, os caninos eram para um tigre dente-de-sabre o que as penas são para um pavão. Simplificando, parecia que no caso do Smilodon , o tamanho importava, já que tigres dentes-de-sabre jovens e vigorosos com caninos imponentes e saudáveis eram abençoados com uma chance maior de atrair parceiros.

Dito isso, alguns cientistas acreditam que os caninos do tigre dente-de-sabre desempenharam um papel mais vital na matança de suas presas. De acordo com eles, o Smilodon pode ter usado seu pescoço excepcionalmente robusto e caninos afiados em conjunto para paralisar e sangrar suas vítimas, arremessando sua cabeça para frente e para trás e perfurando o pescoço ou qualquer outra região exposta da criatura repetidamente. Essa técnica, entretanto, foi descartada pela maioria dos outros especialistas, pois parece muito desajeitada e desnecessariamente laboriosa para ser considerada um método de matar viável.

Apesar da vulnerabilidade um tanto decepcionante dos caninos Smilodon , a velocidade de seu crescimento em um felino adolescente é prova suficiente de que eles eram mais do que meros acessórios. Filhotes de tigre com dentes de sabre, que, não diferente dos felinos atuais, nasceram cegos e fracos, possuíam sabres infantis. Esses sabres pequenos, como os dentes de leite, caíram e foram rapidamente substituídos por sabres adultos permanentes após um breve período de apenas 18-20 meses. Os caninos de um leão moderno juvenil crescem, em média, cerca de 0,1 polegada, ou três milímetros a cada mês, enquanto os caninos de um Smilodon cresceram quase três vezes essa velocidade, estendendo-se por 0,3 polegada, ou oito milímetros a cada mês que se passava. Com a idade de três anos, um filhote de Smilodon teria sido equipado com caninos de sete polegadas totalmente desenvolvidos, que, para fins de comparação, é quase tão longo quanto o espaço entre o pulso de um homem adulto e a ponta de seu dedo médio.

Embora a esperança média de vida de um Smilodon ultrapassasse a de leões (que vivem entre 10-14 anos) e felinos domesticados (que vivem em média 15,1 anos), a expectativa de vida de um tigre dente-de-sabre comum, variando de qualquer lugar entre 20-40 anos, ainda era relativamente curto em comparação com alguns contemporâneos. Por exemplo, os mamutes-lanosos tinham em média 70 anos.

Se suas dietas puramente de carne vermelha contribuíram para sua expectativa de vida anormalmente longa no reino felino ou a brevidade de sua expectativa de vida no reino dos mamíferos é outra história. Em sua maioria, os tigres dente-de-sabre, quando caçavam sozinhos, tinham como alvo animais visivelmente mais fracos e de preferência feridos de tamanho pequeno a médio, como veados, antílopes e cavalos. Duos, trios e matilhas em tamanho real, por outro lado, eram muito mais ousados e perseguiam criaturas maiores, mais desajeitadas e lentas como bisões, bois, hipopótamos, mastodontes e mamutes. Com base nos padrões de desgaste dos dentes de vários fósseis de Smilodon descobertos ao longo dos anos, o felino com presas também consumiu bois com presas, bois almiscarados, camelos americanos e preguiças terrestres.

Algumas das presas eram exclusivas de certos locais. OSmilodon sul-americano atacava toxodontes (criaturas do tamanho de elefantes semelhantes a hipopótamos primitivos), litopterns (um mamífero pré-histórico que parecia ser um cruzamento entre um camelo e um tamanduá) e outros ungulados (mamíferos com cascos). Na Flórida, o Smilodon gracilis consumiu Hemiauchenia (uma lhama pré-histórica de grandes dimensões), Glyptodonts (ancestrais blindados de tatus), e raças do gênero Platygonus parecido com o javali. Os tigres com dentes de sabre provavelmente também gostavam de carne humana.

Curiosamente, apesar da reputação compreensivelmente infame do tigre dente-de-sabre como uma besta hedionda, insensível e sanguinária, alguns cientistas acreditam que sua suposta crueldade é exagerada, com pesquisadores de um estudo indo tão longe quanto a rotulá-lo de "gatinho" no mundo de felinos selvagens. Os pesquisadores referiram a falta de uma diferença perceptível de tamanho entre os tigres dente-de-sabre machos e fêmeas como evidência da natureza semi-gentil do tigre dente-de-sabre. A passagem a seguir, de um artigo de 2009 publicado pela Duke University, explica: "Em espécies onde os machos lutam por parceiras, os machos maiores e mais pesados têm uma chance melhor de vencer lutas, derrotar seus rivais e ter acesso às fêmeas. Depois de gerações de competição entre machos, os machos de [certas] espécies evoluem para ser muito maiores do que seus companheiros. " Wendy Binder, da Loyola Marymount University de Los Angeles, acrescentou: "Em vez de [Smilodon] machos tendo haréns de fêmeas, os machos e fêmeas em um grupo poderiam ser mais iguais.

Dada a falta de dimorfismo sexual entre os sexos Smilodon , alguns cientistas propuseram que matilhas de tigres dente-de-sabre eram chefiadas por uma fêmea alfa, não um macho alfa, ou um par alfa pode ter compartilhado o papel. Isso é verdade para muitos coiotes e lobos atuais, que também compartilham uma consistência nos tamanhos de ambos os sexos. Além disso, como os lobos atuais, as famílias de tigres dentes-de-sabre podem ter aderido ao modelo de "família estendida". Tias, tios e, ocasionalmente, outros parentes mais velhos podem ter sido encarregados de cuidar dos filhos da família, enquanto a mãe e o pai se aventuravam na selva para conseguir o jantar para a família. Tal arranjo sugere que é necessário algum esforço e um tempo bastante prolongado para cuidar dos filhotes de tigre dente-de-sabre. Esta teoria é ainda mais sustentada pela ausência de fósseis juvenis de Smilodon em La Brea Tar Pits.

Não apenas as tigres-dente-de-sabre fêmeas eram supostamente consideradas iguais, os machos eram bastante territoriais, mas não excessivamente agressivos quando se tratava de buscar a atenção de um parceiro em potencial, e isso também contribuía para a falta de diferença de tamanho entre os dois sexos. Acredita-se que o Smilodon também tenha sido uma criatura monogâmica, tendo um companheiro e permanecendo com eles até que um deles morresse.

Debates Atuais

Como ilustrações de tigres dente-de-sabre são mais frequentemente vistas em cenários com penhascos gelados, árvores cobertas de gelo e cobertores densos e intermináveis de neve branca rendada ou talvez um matagal úmido semelhante a uma selva, o solo uma massa confusa de arbustos, rochas e raízes do tamanho de um tronco, a maioria se acostumou a associar o Smilodon a qualquer um desses habitats contraditórios. A associação é apenas lógica, considerando que o felino dente-de-sabre é considerado um predador de emboscada, preferindo mergulhar nas sombras de aglomerados de árvores ou se proteger atrás de pedras geladas e afloramentos ao perseguir suas presas. Na realidade, o Smilodon era um animal versátil e adaptável, frequentando florestas de pinheiros, selvas, pântanos e locais temperados altamente arborizados. Os felinos pré-históricos também eram habitantes de pradarias e planícies mais secas.

O população de Smilodon, especificamente, também se aclimatou ao "país aberto e seco" na América do Sul, de acordo com os resultados de um estudo conduzido por Herve Bocherens do Centro Senckenberg para Evolução Humana e Palaeoambiente da Universidade de Tubingen. Bocherons havia liderado uma leitura detalhada de um conjunto de ossos de tigre dente-de-sabre datando de 25.000-10.000 aC na esperança de aprender mais sobre os hábitos alimentares do Smilodon , que era então a maior raça felina do continente. Os isótopos de carbono e nitrogênio isolados do espécime permitiram que Bocherons e sua equipe entendessem melhor as condições do habitat sul-americano do Smilodon .

Antes da publicação das descobertas de Bocherens, geralmente acreditava-se que o tigre dente-de-sabre habitava estritamente em ambientes úmidos e arborizados, que traziam a promessa de fácil acesso a fontes de água potável, como pântanos, rios, lagos, etc.; uma variedade colorida de presas carnívoras e herbívoras; e muitas oportunidades de camuflagem eficaz. A presença de fósseis de Smilodon nessas áreas da América do Sul, que fornecia apenas uma fração das vantagens listadas acima, surpreendeu paleontólogos em todo o mundo que agora foram forçados a dar uma segunda olhada nas práticas de caça de de Smilodon e outros comportamentos relevantes. Naturalmente, os Smilodon que residiam nessas pastagens sul-americanas foram presenteados com diferentes fontes de alimento, incluindo o Macrauchenia (uma besta de estepe, pescoço longo e três dedos semelhante a litopterns) e dois tipos de gigante preguiças: o Lestodon e o Megatherium.

Os cientistas hoje permanecem em conflito sobre a natureza inerente do tigre dente-de-sabre. Por um lado, há especialistas que argumentam que o Smilodon era um predador de emboscada e, portanto, um lobo solitário, por assim dizer, não muito diferente de leopardos, chitas, tigres e a maioria dos outros grandes felinos, do passado ou do presente. Por outro lado, alguns afirmam que o tigre dente-de-sabre, como os leões, caçava em bandos, também conhecido como "caça coletiva" e, como tal, eram animais sociais, que dependiam de sua família e membros da matilha para sobreviver.

Para começar, os últimos cientistas apontaram para a velocidade das passadas do tigre dente-de-sabre, prejudicada pelos comprimentos irregulares entre as patas dianteiras e traseiras. Eles não eram de forma alguma animais lentos, mas era altamente improvável que um solitário Smilodon fosse rápido o suficiente para alcançar animais saudáveis e ágeis como o cervo. Além disso, esses cientistas referiram a abundância de fraturas graves, lesões debilitantes e doenças degenerativas encontradas em ossos de Smilodon ao longo dos anos. A probabilidade de superar esses ferimentos e enfermidades por si só, que vinham não apenas com uma dor física agonizante, mas também com o comprometimento da capacidade do animal de caçar presas ou se defender com eficácia, seria no mínimo desoladora. Ao mesmo tempo, a maior parte daquele espécime exibia sinais de cura e crescimento, o que teria levado longos períodos de tempo. Isso só poderia ter sido realizado com a ajuda de familiares ou membros da matilha. Isso sugeriu que tigres dentes-de-sabre fisicamente aptos provavelmente compartilharam suas mortes com os membros feridos de seus bandos e possivelmente até cuidaram deles até recuperarem a saúde.

Christopher Shaw, um paleontólogo e ex-funcionário do La Brea Tar Pits and Museum, notou uma pélvis que foi fortemente desfigurada por uma força externa desconhecida após ter sido descoberta nas famosas infiltrações de asfalto: "Havia muita infecção, dor e coisas fedorentas, e uma situação realmente horrível para este animal, mas ele sobreviveu bem mais de um ano. Para mim, isso indica que [o ferido Smilodon] fazia parte de um grupo que o ajudou a sobreviver, deixando-o se alimentar das carcaças e protegendo-o. "

Como resultado, parece que as estratégias de caça do Smilodon teriam diferido com base no habitat e nos diferentes tipos de espécies. Tigres dente-de-sabre menores e, portanto, fisicamente mais leves, como o gracilis, podem ter se empoleirado na copa de uma árvore antes de atacar alguma criatura infeliz que passava. Ele poderia então lutar com sua presa no chão e completar sua matança, abrindo sua jugular ou alguma outra parte exposta e vulnerável. Por outro lado, o tamanho e o peso do populator teriam impedido sua capacidade de se esconder de grandes alturas. Embora o felino possa ter se preparado facilmente para sua emboscada no topo de uma grande rocha, os cientistas acreditam que não teriam confiado exclusivamente neste método de matar em particular, pois foi considerado muito "passivo". Uma besta do tamanho do populator teria exigido presas maiores e um esquema de alimentação mais regular. Como tal, os cientistas concluíram que o maior Smilodon teria optado por caçar com companhia, o que aumentava suas chances de capturar e matar com eficácia uma presa maior e mais farta.

Alguns cientistas se perguntaram se o Smilodon sequer empregou a tática de "soltar e matar". A julgar pelas dimensões do tamanho de uma moeda de dez centavos e pela localização dos olhos do tigre dente-de-sabre, o felino teria uma visão abaixo da média e, portanto, não teria a percepção de profundidade boa possuída por leopardos e outros gatos que espreitam em árvores. A construção atarracada de do Smilodon e as proporções desajeitadas de seus membros também tornariam escalar árvores e grandes alturas uma tarefa árdua.

Por mais que Smilodon possa ter valorizado relacionamentos estreitos e sua natureza "gatinha" supostamente passiva, no final do dia, tigres dente-de-sabre eram animais selvagens, o que significa que lutas internas ainda existiam. Um paleontólogo do Museu Argentino de Ciências Naturais Bernardino Rivadavia de Buenos Aires, Nicolas Chimento, autor de um estudo que inspecionou os ferimentos encontrados no crânio de um Smilodon , observou: "Embora não se possa descartar que os ferimentos foram causados por um presa potencial chutando o crânio, o tamanho, a forma e as características gerais das lesões sugerem que foram infligidas pelos caninos superiores de outro indivíduo Smilodon durante interações agonísticas. ” O corte, concluiu Chimento, pode ter sido produto de uma disputa territorial ou talvez de uma briga pela presa.

O grande número de fósseis de Smilodon encontrados em ou perto de La Brea Tar Pits e outras armadilhas da natureza revelam ainda outro aspecto interessante sobre os hábitos de caça do tigre dente-de-sabre. Tigres de dentes-de-sabre que confundiram mamutes com ungulados robustos enganosamente enredados nas poças pegajosas de asfalto negro como carvão, enquanto banquetes saborosos servidos em bandejas de prata, muitas vezes ficavam emaranhados nas próprias armadilhas mortais, resultando em sua própria morte lenta e torturante. Isso indicou que Smilodon também exibia tendências de eliminação quando a oportunidade se apresentava. Na maior parte, entretanto, Smilodon eram predadores principalmente ativos, uma qualidade instilada em todos os felinos em toda a linha.

Pintura de Charles R. Knight de um Smilodon fatalis se aproximando de um Paramylodon preso em La Brea Tar Pits

Além disso, a presença de fósseis de tigre dente-de-sabre em poços de piche forneceu mais provas que apoiam a teoria do orgulho Smilodon. O Smilodon cujos destinos horríveis foram selados pelos poços de piche provavelmente foram atraídos pelos uivos dos animais presos no líquido viscoso. De acordo com pesquisadores que estudaram as reações dos carnívoros africanos aos gritos de socorro de várias presas, os predadores que caçavam em matilhas tinham maior probabilidade de responder, como alguém faria ao toque de um sino de jantar. Os caçadores solitários, por outro lado, tendiam a evitar tais sons, pois sabiam que seriam superados em número pela matilha de predadores concorrentes que ela atrairia.

Dada a sua posição no topo da cadeia alimentar, o Smilodon não tinha predadores naturais.

Ainda assim, os tigres dente-de-sabre tiveram que competir com alguns outros carnívoros, como o Panthera leo atrox (o leão americano) e o lobo atroz, para seu sustento. Pode-se imaginar a carnificina que se seguiu entre essas feras carnívoras sempre que a comida era escassa.

Uma imagem de esqueletos montados de um Smilodon fatalis e um lobo atroz

Os oponentes de caça do Smilodon podem não ter sido restritos aos outros carnívoros de quatro patas. Embora haja poucas evidências concretas para apoiá-lo, os cientistas acreditam que o tigre dente-de-sabre provavelmente cruzou o caminho com os humanos primitivos pelo menos ocasionalmente, se não regularmente. Os próprios Smilodon podem ter sido alvos de caçadores humanos pré-históricos para alimentação e outros propósitos - e vice-versa - mas a maioria dos tigres dente-de-sabre que morreram nas mãos de pessoas provavelmente foram mortos em legítima defesa.

Duas perfurações situadas no crânio de um hominídeo datando de 1,75 milhão de anos e descobertas na República da Geórgia foram consideradas perfeitamente compatíveis com os caninos distintos de uma espécie pertencente à tribo Homotherini ou Smilodontini . A localização dessas perfurações (uma nas costas e outra na parte inferior do crânio) sugere que a vítima hominídea estava voltada para cima quando foi presa ao chão. O felino então enrolou sua mandíbula ao redor do topo da cabeça de sua vítima e mais tarde afundou seus caninos na medula espinhal de sua presa.

Um tesouro separado de fósseis descoberto em uma antiga mina de carvão em Schoningen em outubro de 2015, que rendeu cinco dentes Smilodon de 300.000 anos e um fragmento de osso de pata pertencente a um felino separado, foi encontrado em um local que anteriormente produzia fragmentos de lanças humanas antigas. Isso, acreditam os pesquisadores por trás da escavação, foi a prova de que o tigre dente-de-sabre e Homo heidelbergensis (uma subespécie de humanos arcaicos) coexistiram na Europa. O úmero, acrescentaram os cientistas, parecia ter sido cinzelado na forma de um martelo primitivo, o que os levou a concluir que alguns felinos dente-de-sabre foram caçados, se não para comida, então por seus ossos e outros restos, que foram moldados em ferramentas pelos primeiros humanos.

Uma recente descoberta de um crânio posterior quase intacto de Smilodon com crania basal, recuperado por um mergulhador em um sumidouro em Marion County, Flórida, também sugere o que pode ter sido um encontro entre um tigre dente-de-sabre e um ser humano primitivo. O crânio, que pertencia a um Smilodon fatalis de 20.000 anos de idade , foi descoberto perto do que parecia ser um fragmento de ponta de lança feito de osso ou pedra, supostamente de origem Pré-Clovis (um termo usado para descrever tribos nativas americanas que existia cerca de 50.000 anos atrás). Mais importante, parecia haver um orifício em forma de diamante, com não mais que 1,2 polegadas de largura, no topo do osso temporal direito do crânio, que se assemelhava muito à impressão deixada por esses projéteis de lança.

Se o tigre dente-de-sabre tivesse realmente se tornado um alvo comum de caçadores humanos pré-históricos, eles não teriam sido mortos por arcos ou flechas, mas por lanças e projéteis (pontas de Clovis e atlatls) esculpidos em pedra, ossos de animais ou presas de mamute. Gerações posteriores podem ter optado por usar clavas de guerra (cacetes de pedra com pontas arredondadas e, ocasionalmente, espinhos), machados e outros instrumentos semelhantes a machadinhas. Os caçadores humanos também podem ter contado com táticas de caça menos agressivas ou de confronto. Por exemplo, eles podem ter agido como isca e atirado em penhascos, recolhendo mais tarde suas carcaças abaixo. Alguns especulam que os primeiros humanos construíram fossos carregados de espinhos e outras armadilhas semelhantes às que construíram para mamutes, ou vincularam a presa potencial às árvores para atrair os carnívoros com presas, que então emboscaram. Os primeiros humanos também podem ter utilizado a ajuda de cães domesticados que podiam rastrear tocas de tigres dente-de-sabre, onde poderiam então encontrar filhotes de Smilodon.

A Extinção e Redescoberta dos Tigres Dentes-de-Sabre

"É evidente que não se pode dizer nada demonstrável sobre o problema antes de ter resolvido essas questões preliminares, mas dificilmente possuímos as informações necessárias para resolver algumas delas ..." - atribuído a Georges Cuvier

Como o conceito de registros escritos existe há apenas cerca de 5.000 anos, não existem relatos de primeira mão sobre o tigre dente-de-sabre. Devido a essa ausência de informações pertinentes, todas as descrições do felino com presas foram feitas milhares de anos depois de sua extinção, com base em deduções anatômicas e suposições fundamentadas. Da mesma forma, como não há registros autênticos dos últimos Smilodon avistamentos para referência, é impossível estabelecer com precisão o ano de extinção. Em vez disso, os cientistas devem confiar em uma série de outras pistas, levando em conta a história regional, fatores ambientais e muito mais, para montar o quebra-cabeça.

O consenso geral dentro da comunidade científica hoje é que Smilodon foi eliminado da existência há cerca de 10.000 anos como resultado de um fenômeno agora conhecido como "Evento de extinção do quaternário". Esta estimativa foi parcialmente derivada das idades dos fósseis mais jovens Smilodon que já foram exumados nas Américas. O último espécime norte-americano a ser descoberto, pertencente a um Smilodon fatalis, foi encontrado no Pit 67 de La Brea Tar Pits em 2012 e aparenta ter aproximadamente 13.025 anos de idade. O mais jovem Smilodon já encontrado na América do Sul, um Smilodon populator descoberto na caverna Cueva del Medio na região de Magallanes no Chile em 2010, tinha aproximadamente 10.935-11.209 anos de idade.

Um ainda mais jovem Smilodon foi supostamente descoberto em 1973, conforme documentado por várias publicações, incluindo um artigo da revista Time intitulado "Tiger in the Bank". Na madrugada de 6 de agosto, uma equipe de trabalhadores da construção acabou com o último gole de seu café, arregaçou as mangas e se preparou para erguer as bases do que logo seria uma filial de 28 andares do First National Bank em Nashville, Tennessee, nos EUA. Os trabalhadores começaram a nivelar quatro velhos montes remanescentes dos habitantes nativos americanos e limparam 30 pés de calcário e terra com a ajuda de dinamites escrupulosamente colocados e equipamentos de perfuração pesados. O trabalho parou repentinamente quando um operário com olhos de águia pescou da terra um "objeto em forma de banana cor de marfim que parecia uma presa de elefante em miniatura". Após um exame mais detalhado, o estranho objeto revelou-se nada mais que o canino de um tigre dente-de-sabre. A presa foi estimada em cerca de 9.410 anos, o que indica que o Smilodon pode ter sobrevivido por mais algum tempo. Dito isso, os cientistas do século 21 chegaram a essa conclusão com cautela, pois eles têm pouca fé na precisão da tecnologia de datação por carbono dos anos 1970, que está desatualizada.

Como qualquer outro gênero extinto, particularmente da Época Pleistocena, a razão ou razões para a extinção de Smilodon continuam a ser uma questão cheia de controvérsias. O fato de uma besta tão notavelmente dominante e resistente ter sido exterminada em primeiro lugar é algo preocupante que muitos acham difícil de entender. Ao contrário do pássaro dodô, que só conseguia botar um ovo de cada vez (um fato que possivelmente contribuiu para o seu número cada vez menor durante seus últimos anos), as tigresas dente-de-sabre produziram uma média de três filhotes por ninhada após oito meses de gestação, o que por sua vez sugere que Smilodon manteve populações saudáveis e razoavelmente grandes durante seu auge. Além do mais, tigresas dentes-de-sabre, junto com todas as outras mães encontradas na natureza, felinas ou não, teriam sido muito protetoras com seus filhotes. Dadas suas compleições substanciais, caninos intimidantes e garras retráteis, entre outras características de defesa dente-de-sabre, as tigresas com presas teriam sido mais eficazes do que qualquer outro animal para afastar companhia indesejada. Em outras palavras, esse gênero de felinos pré-históricos parecia quase invencível, então o que foi que assinou sua sentença de morte?

Algumas teorias apontam para a dramática mudança climática que se seguiu durante o período quaternário. Em todo o mundo, as geleiras começaram a derreter, camadas de gelo se espalharam e se desintegraram e pedaços de gelo choveram dos penhascos acima. Uma drástica mudança sazonal, que veio com mudanças nas taxas de precipitação, remodelou as condições de vários ecossistemas nos continentes. Em um curto período de apenas 5.000 anos, as temperaturas aumentaram mais de seis graus. Essas mudanças importantes, consequentemente, desencadearam o Evento de Extinção do Quaternário nos anos finais da última Idade do Gelo, que viu uma variedade surpreendentemente ampla de megafauna desaparecer da face da Terra em massa. Em menos de 1.500 anos, 15 tipos de megafauna pesando mais de 220 libras foram eliminados somente na América do Norte, com 74% de todos os animais (45 de 61 gêneros) no continente desaparecendo no total. A América do Sul perdeu aproximadamente 82% (58 de 71 gêneros) desse tipo de vida selvagem. Pode-se comparar isso com o número total de espécies da fauna que foram extintas nos últimos 50.000 anos, que os cientistas acreditam ter menos de 35 anos.

Enquanto alguns cientistas pensam que o aumento acentuado nas temperaturas representou a morte dos felinos dente-de-sabre, outros afirmam que o Smilodon teria sido capaz de suportar o aumento das temperaturas, uma vez que sobreviveu a outras mudanças climáticas dramáticas no passado. O rabo curto, orelhas pequenas e achatadas e pelo curto, mas áspero e com cerdas atribuídas à evolução do Smilodon teriam permitido ao felino pré-histórico se aquecer em temperaturas frias e se refrescar em áreas mais tropicais. Os felinos com presas provavelmente sofreram desconforto em meio às ondas de calor que ondulavam em seus terrenos, mas eles teriam se ajustado.

No entanto, o tigre dente-de-sabre pode ter sido ainda muito bem afetado por consequências indiretas, mas de ação rápida e irreversíveis, geradas por essas mudanças sazonais. Embora se pudesse alegar que o tigre dente-de-sabre foi meramente incomodado, mas não amedrontado pelo calor cada vez mais persistente, não se poderia dizer o mesmo sobre muitas megafauna herbívora, a presa comum de Smilodon , pois caíam como moscas no piscar de um olho. A diminuição das populações dessa megafauna, acreditam alguns cientistas, deixou o Smilodon sem escolha a não ser perseguir animais menores. Sua incapacidade de acompanhar esses animais de ossos menores e, portanto, excepcionalmente ágeis, pode ter levado à subnutrição e fome em massa, e mesmo quando eles conseguiram acertar uma gambá ou alguma outra criatura de pés ágeis de algum tipo, eles eram obrigados a compartilharem a pouca carne que suas capturas ofereciam. Um tigre dente-de-sabre, que requeria consideravelmente mais carne do que o felino comum para abastecer seus corpos, podia consumir até 66 libras de carne de uma vez.

A competição de outros carnívoros em seus ecossistemas, que sem dúvida se intensificou, também pode ter contribuído para a fome dos tigres-dentes-de-sabre. Em um ponto, os cientistas californianos postularam que os dentes-de-sabre residentes de La Brea foram submetidos a um período notável de fome em seus anos finais, citando principalmente evidências dentárias coletadas de um número de espécimes Smilodon . A escassez de presas na área, dizem eles, levou os tigres dente-de-sabre locais a consumir todas as carcaças de seus mortos - com ossos e tudo - como indicado pelos caninos desfigurados, lascados de várias maneiras, que foram extraídos do poços.

Por mais fascinante que a teoria possa ser, Larisa DeSantis, uma paleontóloga vertebrada da Universidade Vanderbilt de Nashville, é uma das poucas que desde então buscou pôr fim a essa teoria. Em vez disso, DeSantis insiste que os pequenos danos dentais foram produtos de lutas de combate corpo a corpo com presas e outros animais, e que não eram consistentes com os padrões geralmente deixados para trás pelo ranger de ossos. Em uma nota relacionada, alguns dos especialistas que estão do lado de DeSantis optaram por examinar essa teoria de outro ângulo, porque eles acham que Smilodon nunca passou fome.

Inevitavelmente, os humanos também foram culpados pela extinção do tigre dente-de-sabre. Os primeiros membros das tribos lutavam com os felinos com presas por recursos naturais e o que restava da presa herbívora, o que, além da mudança climática, ameaçava ainda mais o suprimento de comida em queda livre de Smilodon . Outros se perguntaram se o felino havia sido caçado até a extinção nas mãos dos primeiros humanos, com sua pele, ossos e outros restos possivelmente usados para alimento, abrigo e construção de ferramentas ou instrumentos musicais. Se os membros da tribo encontraram pouca ou nenhuma utilidade em uma carcaça com dentes de sabre, talvez os felinos pré-históricos tivessem sido massacrados como medida de segurança por aqueles que não tinham conhecimento dos perigos da caça excessiva.

De acordo com outros cientistas, particularmente aqueles na Califórnia, enquanto os humanos foram certamente os principais contribuintes (embora inconscientes) para a destruição do gênero, seu impacto duradouro pode ter sido mais indireto e até mesmo exteriormente sutil. A proliferação da população humana, por exemplo, provocou a invasão de mais Smilodon e teria acelerado o encolhimento da população já minguante do felino. Alguns também teorizaram que os primeiros tribos que migraram para as Américas de outras partes do mundo trouxeram consigo uma série de doenças estrangeiras altamente infecciosas e vírus letais, e que eles podem ter se espalhado para uma ampla gama de mamíferos, incluindo os tigres dente-de-sabre.

Um estudo de 2014 publicado na revista Quaternary International , além de um estudo separado publicado dois anos depois, confirmou que os humanos - não importa em que medida - estavam entre os culpados por trás da extinção do Smilodon . O estudo, liderado por Chris Sandom da empresa Wild Buisness, Ltd. e sua equipe, teve como objetivo provar que a "perda de espécies está mais relacionada com a chegada dos humanos do que com as mudanças no clima". Sob as instruções de Sandom, os pesquisadores compilaram uma lista de 177 espécies diferentes que desapareceram completamente entre 132.000 e 1.000 anos atrás. A partir dos resultados, os pesquisadores concluíram que a África Subsaariana e a Eurásia eram o lar do menor número de extinções em toda a espécie. A maioria dessas extinções, em vez disso, ocorreu nas Américas, bem como na Austrália, que hospedou populações humanas significativamente maiores. Stephanie Pappas de Live Science analisou as descobertas, escrevendo: "No geral, os resultados demonstraram que a chegada [da humanidade] foi responsável por 64 por cento da variação nas taxas de extinção ao redor do globo, enquanto as mudanças de temperatura explicaram 20 por cento da variação, principalmente na Eurásia. "

Após a extinção de Smilodon , o felino com presas permaneceu totalmente esquecido, enterrado nas areias do tempo e nas periferias da memória humana, até que emergiu pela primeira vez na história moderna no início do século 19 . Em meados da década de 1830, um ousado e prolífico naturalista dinamarquês chamado Peter Wilhelm Lund, acompanhado por uma variedade de assistentes, dirigiu-se às cavernas calcárias (ricas em carbonato de cálcio) perto da cidade de Lagoa Santa em Minas Gerais, Brasil. Essas cavernas haviam se tornado recentemente um local de mineração popular, escolhido por empresários que buscavam lucrar com as fontes de salitre, um pó branco e calcário usado para fins agrícolas e medicinais. Também era um ingrediente usado na receita de pólvora.

Lund

Lund ficou chocado com a mineração constante e descuidada dessas cavernas, pois os trabalhadores estavam inadvertidamente causando a destruição de fósseis inestimáveis e insubstituíveis, então ele e sua equipe correram para essas cavernas imediatamente para recuperar o máximo do que restou dos fósseis intocados como eles poderiam. Não demorou muito para Lund agradecer suas estrelas da sorte por ter seguido com sua decisão, porque foi aqui que ele fez sua carreira e a descoberta que definiu a história: um estrato, que ele chamou de "deriva glacial", repleto de fósseis faunísticos do Pleistoceno, como o Eremotherium laurillardi, também conhecido como "Preguiça-terrestre Panamericana" e o Protopithecus brasiliensis, o maior "Macaco do Novo Mundo" que já existiu. Mais emocionante ainda, Lund avistou vários fragmentos pertencentes a um felino pré-histórico irreconhecível, que parecia ter tido impressionantes caninos parecidos com presas.

No papel, Lund, frequentemente referido como o "pai da paleontologia brasileira", parece ter sido perfeitamente escalado para a descoberta. Na época em que o zoólogo, paleontólogo e arqueólogo dinamarquês-brasileiro topou com o tigre dente-de-sabre em 1835, ele já havia conquistado uma reputação brilhante dentro da comunidade científica europeia e além, que havia sido aprimorada pelas duas dissertações premiadas ele escreveu. Além disso, pouco depois de receber seu diploma de doutorado da Universidade de Kiel, apenas seis anos antes, Lund mudou-se para Paris, onde estabeleceu uma sólida amizade com Georges Cuvier. Cuvier, então professor residente de anatomia comparada no Museu de História Natural de Paris e o mais importante naturalista da época, foi elogiado por suas ideias fundamentais e inovadoras. Foi Cuvier quem primeiro popularizou a noção de extinção em massa, bem como a teoria do "catastrofismo".

Cuvier

Estranhamente, pouco mais se sabe sobre os detalhes que cercam a descoberta do felino com presas além da presença de quatro outros personagens: o botânico dinamarquês Eugen Warming, mais famoso por ter escrito o primeiro livro sobre ecologia vegetal; um artista e cartógrafo norueguês, Peter Andreas Brandt, empregado como ilustrador; e o mais importante, heróis não celebrados na forma de um par de escravos não identificados, que realizavam todo o trabalho físico real.

Inicialmente, em 1839, Lund pretendia chamar o novo gênero de Hyaenodon de, e a espécie que ele descobriu, Hyaena neogaea, como a fonte dos ossos isolados recuperados das cavernas foi erroneamente identificada como hiena. Lund continuou a operar sob essa suposição errônea até que foi presenteado com mais alguns molares e ossos do pé pertencentes à mesma besta misteriosa. Três anos depois, finalmente ocorreu a Lund que o espécime não era uma hiena, mas sim uma espécie separada encontrada na família dos felinos; foi então, em 1842, que Lund cunhou pela primeira vez o termo Smilodon, um jogo ou mistura de duas palavras do grego antigo: smilē, que se traduz como "faca de dois gumes" ou "bisturi" e odontús, que significa "dente". A espécie Smilodon que ele havia descoberto seria a partir de então conhecida como o populador de Smilodon , o último termo significando "destruidor" ou "aquele que traz devastação".

Não muito depois dessa revelação, Lund foi o primeiro a publicar uma descrição escrita do tigre dente-de-sabre. Ele escreveu em parte: "Em relação ao seu tamanho, este carnívoro extinto único rivalizava com os maiores gatos ou beras conhecidos; o tamanho de seus caninos é muito maior do que em qualquer espécie de carnívoro, vivo ou fóssil. A julgar pelas dimensões dos ossos da pata, seu corpo deve ter sido mais pesado do que o de qualquer outro felino vivo. É evidente que um carnívoro de tal tamanho com presas tão formidáveis deve ter conseguido vítimas abundantes [no] mundo antigo. Na verdade, encontrei os restos de sua presa em três cavernas diferentes, que incluíam grandes acúmulos de ossos de diversos animais, muitos deles gigantescos em tamanho."

Em 1868, uma segunda espécie de Smilodon foi isolada e identificada pelo paleontólogo da Filadélfia e pai da escola de pensamento do Neo-Lamarckismo, Edward Drinker Cope. Esta nova espécie, no entanto, foi batizada por outro paleontólogo e especialista em anatomia da Filadélfia, Joseph Leidy, que passou a batizar a raça de Smilodon fatalis . A etimologia por trás da palavra fatalis, não é clara. A palavra era uma referência direta ao termo latino fatalis, alguns dizem, que se traduz como "destino" ou "fatalidade". Outros dizem que foi derivado da palavra inglesa fatal, um sinônimo para "letal" ou "tratamento da morte". O Smilodon fatalis não era o primeiro item em sua lista de nomes. Acima estavam os termos Felicis (Trucifelis) fatalis, (o primeiro nome do Smilodon norte-americano) e Trucifelis fatalis, para abreviar, que foram eventualmente eliminados.

O Smilodon gracilis recebeu o nome de Cope em 1880. Não se sabe como exatamente Cope chegou ao nome, mas a maioria acredita que foi inspirado pela construção mais leve e "graciosa" da espécie. Também foi Cope quem primeiro reconheceu o gracilis como uma espécie separada por conta própria depois de examinar uma raiz do dente canino superior do tigre dente-de-sabre, que era visivelmente menor do que a média da presa do Smilodon padrão, emparelhada com uma "base mais comprimida que foi recuperado da caverna de Port Kennedy na Pensilvânia. Os nomes de outros Smilodon espécies identificadas nos anos que se seguiram, como Smilodon floridanus (também nomeado por Leidy em 1889) e Smilodon californicus (nomeado por O. Bovard em 1907), eram menos imaginativos.

Os avanços na compreensão da ciência moderna sobre o tigre dente-de-sabre foram em grande parte impulsionados pelos extensos e ainda em andamento projetos de escavação em Rancho La Brea Tar Pits em Los Angeles. A premissa mais popular é que as origens dos poços de alcatrão remontam a 5 a 25 milhões de anos, quando a terra que um dia se tornaria Los Angeles estava submersa em uma extensão rasa que hospedava organismos unicelulares semelhantes ao plâncton marinho. Quando esses organismos unicelulares finalmente murcharam e se extinguiram, eles afundaram no fundo do mar, transformando-se cumulativamente em uma densa manta de sedimentos.

Devido à mudança climática, continentes e extensões de terra continuaram a se deslocar à medida que a extensão aquosa evaporava lentamente. Os restos do plâncton falecido, depois que suas sepulturas outrora aquosas ficaram presas sob toneladas de sedimentos, gradualmente se remodelaram como depósitos de petróleo e gás. A cratera foi lentamente recarregada pela água da chuva e pelo degelo da Idade do Gelo, e os sedimentos continuaram a se acumular junto com os ponteiros do tempo. O peso esmagador do sedimento crescente, junto com a imensa massa do oceano, aqueceu as camadas de matéria orgânica preenchidas com carbono. Devido à ausência de oxigênio, a matéria comprimida então convertida em combustíveis fósseis, ou seja, petróleo bruto.

A formação real dos Poços de Tar La Brea ocorreu cerca de 35.000-40.000 anos atrás, uma vez que o mar tinha baixado. Fontes aquecidas de petróleo bruto milhas sob milhas sob a superfície borbulharam através das rachaduras entre as rochas estilhaçadas acima do Campo de Petróleo de Salt Lake, resultantes de terremotos periódicos decorrentes do movimento de placas tectônicas na Bacia de Los Angeles, que serviram como caminhos irrestritos para a superfície. A camada de petróleo que tinha viajado até a superfície eventualmente evaporou, o que deixou para trás poças de asfalto rico, parecido com xarope, também conhecido como piche.

Uma imagem do início do século 20 dos poços de piche com torre de petróleo no fundo

A tranquilidade da lama inevitável foi completa por sua habilidade enganosa de sustentar o crescimento da flora. As árvores e folhagens que surgiram aqui foram suficientes para seduzir as criaturas desavisados em tomar se afogarem; as folhas e galhos caídos da flora circundante foram os enfeites para a substância escura e viscosa. Depois de uma média de 17-20 semanas, os cadáveres rígidos dos animais infelizes que se encontravam presos nos poços desapareceram sob a superfície borbulhante do piche. As peles e cascos dessas criaturas derreteram, mas seus ossos, por outro lado, permaneceram intactos, preservados quase habilmente pelo conteúdo dessas cápsulas pegajosas do tempo.

Em 1828, uma faixa de terra de 4.439 acres (cerca de sete milhas quadradas) envolvendo os poços de alcatrão foi designada com o título de "Rancho La Brea" por meio de uma concessão de terra mexicana, e foi confiada aos cuidados de um par de parceiros de negócios chamados Antonio Jose Rocha e Nemisio Dominguez. A concessão, que foi autorizada pelo alcalde de três mandatos (prefeito de uma cidade espanhola) de Los Angeles, Jose Antonio Carrillo, veio com a condição de que os poços de alcatrão continuassem sendo propriedade pública. A cláusula permitiu que os residentes registrados do povoado vizinho mergulhassem nos poços de alcatrão comunitários quando quisessem. A maioria usou o asfalto para reforçar os telhados de suas moradias de adobe. A escritura do Rancho La Brea, que compreendia seções do que hoje é West Hollywood, foi formalmente confirmada pelo governador da Alta Califórnia, Jose Maria de Echeandia, e foi reconhecida publicamente pelo governador Juan Alvarado novamente em 1840.

No espírito da devida diligência, Rocha, junto com seu filho José Jorge Rocha e Josefa de la Merced de Jordan, entraram com uma ação conjunta na Comissão de Terras Públicas no ano seguinte. Para sua consternação, o caso de Rancho La Brea permaneceu no limbo pelos oito anos seguintes, até ser repudiado pelo tribunal em 1860. Mesmo assim, os fazendeiros persistentemente pediram ao tribunal para reavaliar o caso em uma série de audiências e contaram com a ajuda de um ex-major, advogado e agrimensor da cidade de Los Angeles, Henry Hancock, para liderar seus esforços.

Hancock

Enquanto a equipe rancho lutava no tribunal, cientistas de todo o estado começaram a tomar medidas para amenizar o interesse científico que os poços de alcatrão de La Brea haviam despertado. Em 1853, logo após o geólogo New York Phipps Blake ser nomeado geólogo chefe da Pacific Railroad Survey do Far West - principalmente para analisar, registrar suas observações e chegar a uma teoria sobre a erosão nas características geológicas do sul da Califórnia - ele fez uma visita ao rancho. Blake se tornou o primeiro cientista a realmente analizar os poços e seu betume em profundidade, fixando seu foco em uma grande piscina de pedregulho medindo 9 metros de diâmetro. Ele fez uma referência marcante à tendência do betume de transbordar e se misturar com pedaços de sedimento, que endureceram em uma camada espessa, mas mantiveram uma consistência macia no centro do poço.

Blake

O piche dos poços de alcatrão fornecia alguns dos melhores itens naturais preservados. Na verdade, limpar os fósseis com querosene aquecido foi um processo perigoso e árduo, mas a substância negra e viscosa atuou como um selante eficaz que envolveu esses pedaços de osso e os protegeu contra a decomposição e degeneração, mantendo-os quase em perfeitas condições. Esse método de preservação orgânica permitiu que o espécime retivesse as marcas e detalhes mais sutis e delicados, como os entalhes minúsculos no dente de um carnívoro, bem como as marcas de redes de nervos e vasos sanguíneos. Até mesmo as antenas, asas e membros inteiros de insetos do tamanho de polegares eram ocasionalmente descobertos intactos, e algumas pupas de varejeira e outros ovos de insetos ainda estavam agarrados a fissuras da medula óssea. Sem o alcatrão da marca La Brea, teria sido extremamente difícil para os paleontólogos imaginar e estabelecer teorias fundamentadas sobre o sul da Califórnia na Idade do Gelo.

Claro, independentemente das propriedades preservativas excepcionais do alcatrão, o ato de montar os ossos para formar uma criatura completa - não muito diferente de um quebra-cabeça de forma livre e sem moldura - foi uma tarefa extremamente complicada e trabalhosa. Ossos estavam espalhados e muitas vezes enredados com os restos de outras criaturas, e foi um raro golpe de sorte encontrar o cadáver de um minúsculo inseto preso frouxamente no mesmo lugar. Os ossos das bestas do Pleistoceno também foram severamente mutilados, variando de fragmentos rachados a pedaços estilhaçados com serras, o que tornava ainda mais difícil para os cientistas juntarem um esqueleto coerente e coeso por completo.

Muitas das descobertas dos cientistas do condado durante este período alteraram uma série de pontos de vista geralmente aceitos na comunidade. Larisa DeSantis quebrou uma dessas revelações: "Os isótopos dos ossos sugeriam anteriormente que as dietas dos felinos dentes-de-sabre e dos lobos atrozes se sobrepunham completamente, mas os isótopos de seus dentes fornecem uma imagem muito diferente. Os gatos, incluindo felinos dente-de-sabre, leões americanos e pumas, caçavam presas que preferiam as florestas, enquanto eram os lobos terríveis que pareciam se especializar em alimentadores de campo aberto, como bisões e cavalos. Embora possa ter havido alguma sobreposição na alimentação dos predadores dominantes, os cães e gatos caçavam de maneira diferente uns dos outros. "

Restos de plantas do Pleistoceno também destacaram a ecologia da Bacia de Los Angeles durante o degelo da Idade do Gelo. Conforme coletado por pesquisadores do Museu de História, Ciência e Arte do Condado de Los Angeles, os bosques de sequoias e arbustos de sálvia endêmicos da bacia durante o Último Período Glacial indicam um clima semelhante a uma península muito mais úmido do que se pensava anteriormente. Nas décadas imediatas que se seguiram, durando até o final dos anos 1950, muitos acadêmicos e ilustradores científicos foram empregados não apenas para acompanhar o inventário sempre crescente, mas também para produzir monografias e esboços compostos das várias novas espécies de mamíferos, pássaros e plantas trazidos à luz.

Mais de 4.000 espécimes pertencentes ao lobo atroz foram descobertos nas fossas até agora, tornando-o o mais recorrente de todas as espécies descobertas dentro da fazenda. Os gatos com dentes de sabre, dos quais existem 2.000 espécimes, foram classificados como o segundo animal mais comum encontrado nos poços de alcatrão, e os espécimes de coiote, que se aproximaram de 1.000, ficaram em terceiro. O espécime mais antigo no banco de dados, com idade estimada de 44.000 anos, pertencia a um lobo terrível.

Os herbívoros mais frequentemente descobertos no rancho eram provavelmente o Bison antiquus, ou o bisão antigo, que eram criaturas musculosas com uma altura média de 2,10 m. Isso, por sua vez, sugere que os bisões da Idade do Gelo eram, conforme ditado pela natureza, animais do pântano, ao contrário de seus equivalentes modernos, que são classificados como animais da pradaria.

Mais intrigante ainda, 90% dos mamíferos e vertebrados de La Brea presos no campo eram carnívoros, o que significa que havia nove carnívoros para cada herbívoro. Este é uma informação particularmente impressionante, considerando que esta é uma relação inversa ao padrão. Com base em dois estudos separados conduzidos em meados do século 20, que examinou as populações de lobo para veado e leão para animais comedores de folhagens em Ontário e Minnesota, bem como em toda a África, os herbívoros, em média, estavam em maior número do que os carnívoros entre 100-150: 1. A discrepância dos herbívoros desaparecidos em La Brea, acreditam alguns especialistas, dá mais crédito à teoria do aprisionamento de alcatrão. Os apuros dos herbívoros que se viram imobilizados pelo asfalto glutinoso foram agravados por predadores carnívoros ferozes e famintos que ficaram eles próprios enredados na lama, o que potencialmente explicava a quantidade excessiva de carnívoros nas fossas.

Os ossos de antigos lobos cinzentos, pumas e coiotes, quando justapostos com os esqueletos herculeos de mamutes, mastodontes e ursos de cara curta, sugeriam que eles já foram considerados criaturas pequenas e mansas, quase dóceis. Esses predadores comparativamente pequenos rastreavam e festejavam com criaturas menores, e muitas vezes se escondiam atrás de árvores e pedras para pegar os cadáveres deixados por predadores maiores. DeSantis descreveu a importância desta descoberta: "O empolgante dessa pesquisa é que podemos realmente observar as consequências dessa extinção. Os animais que hoje conhecemos como predadores de ponta na América do Norte - pumas e lobos - eram mesquinhos durante o Pleistoceno. Então, quando os grandes predadores foram extintos, assim como as grandes presas, esses animais menores foram capazes de tirar vantagem dessa extinção e se tornarem predadores de vértice dominantes."

Apropriadamente, foi o próprio Hancock quem apresentou ao paleontólogo William Denton o fatídico canino Smilodon que pôs essas escavações frutíferas em movimento. O La Brea Tar Pits, considerado um dos maiores e mais ricamente diversos mananciais de fósseis da era Pleistoceno no mundo, já rendeu mais de três milhões de espécimes identificáveis no total, 130.000 dos quais são Smilodon ossos pertencentes a pelo menos 2.000 tigres dentes-de-sabre.

O interesse pela criatura lendária ainda não diminuiu, auxiliado por inúmeras representações na literatura e em outros meios da cultura pop. Em 25 de setembro dede 1973, o Assembly Bill No. 940, assinado pelo governador da Califórnia Ronald Reagan, entrou em vigor, e com isso Smilodon californicus foi declarado o fóssil oficial para o estado da Califórnia. A aprovação do projeto de lei foi tudo menos suave, já que foi contestado por W. Craig Biddle, um membro do Senado do Estado da Califórnia e um dos oponentes políticos de Reagan, que ativamente fez campanha pelos trilobitas (antigos híbridos de lesmas e besouros, ou mais especificamente, artrópodes aracnomorfos marinhos), os fósseis mais antigos já encontrados na Califórnia. No final, as autoridades estaduais evidentemente optaram pela escolha mais glamorosa.

Na história recente, um punhado de supostas testemunhas também tem instado os cientistas a reavaliar o status de extinto do gênero. Desde que o Smilodon entrou na consciência dominante, um fluxo constante de supostos avistamentos de tigres dentes de sabre surgiram, nenhum dos quais jamais foi confirmado devido à falta de evidência física deixada para trás. Os dois casos que se seguem não são diferentes, mas mesmo assim contribuem para histórias interessantes.

Em 1966, um naturalista e autor chamado Peter Mattheisen relatou o aparente encontro de um marinheiro sul-americano com um felino assustador e de aparência bizarra. Uma passagem do livro de Mattheisen, The Cloud Forest, diz: "[Picquet (o marinheiro)] descreveu um raro gato listrado não tão grande quanto um jaguar e muito tímido, que possui dois dentes salientes muito grandes: este animal , disse ele, ocorre nas selvas montanhosas da Colômbia e do Equador, e ele mesmo já viu uma vez. "

Em 1975, Karl Shuker, autor de Mystery Cats of the World, descreveu outro suposto avistamento Smilodon no Paraguai. O relato em questão foi transmitido a ele por um zoólogo local chamado Juan Acavar, que alegou ter acontecido com o que ele acreditava firmemente ser o cadáver de 160 libras de um tigre dente-de-sabre com um impressionante conjunto de presas de 30 centímetros. O felino, continuou Acavar, não morreu de causas naturais, mas foi morto pelo que parecia ser uma bala perdida que se alojou no crânio do animal. Precisamente por que Acavar escolheu manter silêncio sobre tal descoberta alucinante é desconhecido. Em vez disso, ele escolheu identificar o felino como um "jaguar mutante" em seu relatório, talvez temendo o ridículo de seus pares. Outros dizem que ele escolheu fazer isso para evitar que os outros locais entrassem em pânico.

O fascínio da sociedade moderna pelo Smilodon - mesmo fora do reino científico - não desaparecerá tão cedo. Em maio de 2004, um crânio de 16.000 anos de idade Smilodon extraído de um canteiro de obras residencial por La Brea Tar Pits foi vendido a um preço de $ 223.250 em um leilão de Beverly Hills. O lance vencedor foi feito por Stuart Pivar, um colecionador particular de Nova York. Em maio de 2009, outro crânio de Smilodon quase intacto, completo com caninos com pouco mais de 30 centímetros de comprimento, foi vendido por colossais $ 334.600 depois de ter sido exumado do Wilshire / Hauser Tar Pit.

Essas etiquetas de preços estonteantes só continuaram a aumentar. Em setembro de 2019, outro crânio recuperado de La Brea Tar Pits foi colocado em leilão. Devido às condições quase primitivas do crânio e ao tamanho maciço - a borda anterior do pré-maxilar até o final dos côndilos occipitais mede 355,5 mm de comprimento - o precioso item deveria girar em algo entre $ 700.000 e $ 1.000.000 de dólares.

Independentemente da posição pessoal de alguém sobre a propriedade de crânios de animais, ou qualquer outro troféu faunístico ou colecionável, é impossível negar que os preços ainda crescentes pedidos pelos restos de Smilodon remanescentes apenas aprofundam ainda mais a mística perpétua desses animais. Os leilões são apenas mais uma prova do legado único e extraordinário do felino com presas.

Fontes da Web

Outros livros sobre história antiga por Charles River Editors

Outros livros sobre os tigres dente-de-sabre na Amazon

Leituras Adicionais sobre os Tigres Dentes-de-Sabre

Amelar, S. (2019, Agosto 30). Three Proposals for Transforming the La Brea Tar Pits. Retirado em Janeiro 30, 2020, de https://www.architecturalrecord.com/articles/14251-three-proposals-for-transforming-the-la-brea-tar-pits

Anton, M. (2013). *Sabertooth*. Indiana University Press.

Austin, O. L. (Ed.). (1987, Janeiro 30). The sabercat Smilodon gracilis de Florida and a discussion of its relationships (Mammalia, Felidae, Smilodontini). Retirado em Janeiro 30, 2020, de https://ufdc.ufl.edu/UF00095816/00001/10j

Barras, C. (2013, Julho 25). Zoologger: The pint-sized sabre-toothed opossum. Retirado em Janeiro 30, 2020, de https://www.newscientist.com/article/dn23933-zoologger-the-pint-sized-sabre-toothed-opossum/

Black, R. (2012, Novembro 9). The Top 10 Greatest Survivors of Evolution. Retirado em Janeiro 30, 2020, de https://www.smithsonianmag.com/science-nature/the-top-10-greatest-survivors-of-evolution-118143319/

Bocherens, H., Cotte, M., & Bonini, R. (2015, Agosto 4). Paleobiology of sabretooth cat Smilodon populator in the Pampean Region (Buenos Aires Province, Argentina) around the Last Glacial Maximum: Insights de carbon and nitrogen stable isotopes in bone collagen. Retirado em Janeiro 30, 2020, de https://www.academia.edu/22413053/Paleobiology_of_sabretooth_cat_Smilodon_populator_in_t he_Pampean_Region_Buenos_Aires_Province_Argentina_around_the_Last_Glacial_Maximum_ Insights_de _carbon_and_nitrogen_stable_isotopes_in_bone_collagen

Bocherens, H. (2016, Março 21). Saber-toothed cats hunted on the South American plains. Retirado em Janeiro 30, 2020, de https://www.academia.edu/23548787/Saber-toothed_cats_hunted_on_the_South_American_plains

Briggs, H. (2015, Dezembro 2). Did our ancient ancestors 'kill the cat'? Retirado em Janeiro 30, 2020, de https://www.bbc.com/news/science-environment-34944560

Castro, J. (2015, Janeiro 28). 1st Americans Used Spear-Throwers to Hunt Large Animals. Retirado em Janeiro 30, 2020, de https://www.livescience.com/49603-paleo-indian-spear-thrower-evidence.html

Choi, C. Q. (2012, Dezembro 27). Starvation Didn't Wipe Out Sabertooth Cats. Retirado em Janeiro 30, 2020, de https://www.livescience.com/25848-starvation-extinction-sabertooth-cats.html

Christiansen, P. (2006, Julho 14). Sabertooth characters in the clouded leopard (Neofelis nebulosa Griffiths 1821). Retirado em Janeiro 30, 2020, de https://onlinelibrary.wiley.com/doi/abs/10.1002/jmor.10468

Christiansen, P., & Harris, J. M. (2012, Outubro 26). Variation in Craniomandibular Morphology and Sexual Dimorphism in Pantherines and the Sabercat Smilodon fatalis. Retirado em Janeiro 30, 2020, de https://journals.plos.org/plosone/article?id=10.1371/journal.pone.0048352

Clason, D. (2018, Março 1). Hearing in the animal kingdom. Retirado em Janeiro 30, 2020, de https://www.healthyhearing.com/report/52843-Hearing-in-the-animal-kingdom

Cohen, J. (2018, Agosto 22). Powerful Arms Saved Saber-Toothed Killers' Fearsome Fangs, Study Shows. Retirado em Janeiro 30, 2020, de https://www.history.com/news/powerful-arms-saved-saber-toothed-killers-fearsome-fangs-study-shows

Coleman, L., & Clark, J. (2013). *Cryptozoology A To Z: The Encyclopedia Of Loch Monsters Sasquatch Chupacabras And Other Authentic M.* Simon and Schuster.

Croft, D. A. (2016). *Horned Armadillos and Rafting Monkeys: The Fascinating Fossil Mammals of South America.* Indiana University Press.

Dell'amore, C. (2013, Julho 3). Sabertooths Had Weak Bites, Used Neck Muscles to Kill. Retirado em Janeiro 30, 2020, de https://www.nationalgeographic.com/news/2013/7/130702-sabertooth-cat-bite-prehistoric-science-animals/

Editors, A. W. (2018, Novembro 14). Smilodon Facts For Kids & Adults: Discover One Of The World's Best-Known Prehistoric Animals. Retirado em Janeiro 30, 2020, de https://www.activewild.com/smilodon/

Editors, B. U. (1998). Introduction to the Gorgonopsia. Retirado em Janeiro 30, 2020, de https://ucmp.berkeley.edu/synapsids/gorgonopsia.html

Editors, B. U. (2011). What Is a Sabertooth? Retirado em Janeiro 30, 2020, de https://ucmp.berkeley.edu/mammal/carnivora/sabretooth.html

Editors, C. (2018, Junho 6). The Descendant Of The Saber-toothed Tiger Maio Disappoint You. Retirado em Janeiro 30, 2020, de https://www.cracked.com/article_25651_the-descendant-saber-toothed-tiger-Maio -disappoint-you.html

Editors, D. U. (2009, Novembro 6). Male Sabertoothed Cats Were Pussycats Compared To Macho Lions. Retirado em Janeiro 30, 2020, de https://www.sciencedaily.com/releases/2009/11/091105121050.htm

Editors, D. A. (2017). The saber-toothed tiger (Smilodon). Retirado em Janeiro 30, 2020, de https://dinoanimals.com/animals/the-saber-toothed-tiger-smilodon/

Editors, E. I. (2013, Julho 30). Sabertooths Still Roam South America. Retirado em Janeiro 30, 2020, de https://evolution-institute.org/sabertooths-still-roam-south-america/

Editors, E. B. (2018, Fevereiro 8). Miocene Epoch. Retirado em Janeiro 30, 2020, de https://www.britannica.com/science/Miocene-Epoch

Editors, F. E. (2019). California State Fossil - Saber-Tooth Tiger (Smilodon californicus). Retirado em Janeiro 30, 2020, de https://www.fossilera.com/pages/california-state-fossil-saber-tooth-tiger-smilodon-californicus

Editors, I. C. (2013). ANCIENT DNA CONNECTS SABER-TOOTHED TIGERS AND HOUSE CATS. Retirado em Janeiro 30, 2020, de https://www.inverse.com/article/37532-saber-toothed-tigers-cats-smilodon-homothereum

Editors, I. F. (2018). Humans Fought Saber-Toothed Cats In Europe. Retirado em Janeiro 30, 2020, de https://www.iflscience.com/plants-and-animals/humans-fought-saber-toothed-cats-europe/

Editors, L. T. (2004, Maio 3). Private Collector Buys Saber-Toothed Tiger Skull for $223,000. Retirado em Janeiro 30, 2020, de https://www.latimes.com/archives/la-xpm-2004-Maio -03-me-saber3-story.html

Editors, L. A. (2019, Setembro 23). Rare saber-tooth cat skull fossil could make $1M at auction. Retirado em Janeiro 30, 2020, de https://www.liveauctioneers.com/news/top-news/naturalhistory/rare-fossil-to-lead-heritage-auctions-nature-science-sale/

Editors, N. G. (2013, Abril 2). Tracing the Roots of Smilodon. Retirado em Janeiro 30, 2020, de https://www.nationalgeographic.com/science/phenomena/2013/04/02/tracing-the-roots-of-smilodon/

Editors, N. G. (2013, Novembro 11). A Living Sabertooth. Retirado em Janeiro 30, 2020, de https://www.nationalgeographic.com/science/phenomena/2013/11/11/a-living-sabertooth/

Editors, N. G. (2015, Dezembro 23). Did Sabercats Have Spotted and Striped Coats? Retirado em Janeiro 30, 2020, de https://www.nationalgeographic.com/science/phenomena/2015/12/23/did-sabercats-have-spotted-and-striped-coats/

Editors, P. B. (2001). Miocene Epoch (24-5.3 mya). Retirado em Janeiro 30, 2020, de https://www.pbs.org/wgbh/evolution/change/deeptime/miocene.html

Editors, P. W. (2011). Megantereon. Retirado em Janeiro 30, 2020, de http://www.prehistoric-wildlife.com/species/m/megantereon.html

Editors, P. W. (2012). Smilodon. Retirado em Janeiro 30, 2020, de http://www.prehistoric-wildlife.com/species/s/smilodon.html

Editors, P. H. (2012). SABER TOOTH CAT smilidon. Retirado em Janeiro 30, 2020, de http://www.prehistory.com/saberth.htm

Editors, P. F. (2013, Abril 7). Machairodus coloradensis. Retirado em Janeiro 30, 2020, de https://prehistoric-fauna.com/Machairodus-coloradensis

Editors, P. F. (2018, Agosto 12). Smilodon gracilis. Retirado em Janeiro 30, 2020, de https://prehistoric-fauna.com/Smilodon-gracilis

Editors, R. G. (2015, Março). Lateral view of the skulls of adult specimens of Monodelphis iheringi (A) and M. Retirado em Janeiro 30, 2020, de https://www.researchgate.net/figure/Lateral-view-of-the-skulls-of-adult-specimens-of-Monodelphis-iheringi-A-and-M_fig5_276071052

Editors, S. T. (2016). Saber Tooth Tiger Facts – Top 20 Most Amazing Facts. Retirado em Janeiro 30, 2020, de https://sabertoothtiger.org/saber-tooth-tiger-facts/

Editors, T. M. (1973, Agosto 6). Science: Tiger in the Bank. Retirado em Janeiro 30, 2020, de http://content.time.com/time/magazine/article/0,9171,904005,00.html

Editors, T. T. (2011, Dezembro). CLOUDED LEOPARD : A 'SABER-TOOTH' CAT. Retirado em Janeiro 30, 2020, de http://tigertribe.net/clouded-leopard-a-saber-tooth-cat/

Editors, T. I. (2013, Dezembro 17). Clouded Leopards: Modern Semi-Sabertooth Cats. Retirado em Janeiro 30, 2020, de https://tremendouslyimpressive.wordpress.com/2013/12/17/clouded-leopards-modern-sabertooth-cats/

Editors, U. T. (2014, Abril 1). Humans and saber-toothed tiger met in Germany 300,000 years ago. Retirado em Janeiro 30, 2020, de https://www.sciencedaily.com/releases/2014/04/140401112022.htm

Editors, W. (2020, Janeiro 10). Smilodon. Retirado em Janeiro 30, 2020, de https://en.wikipedia.org/wiki/Smilodon

Editors, W. (2020, Janeiro 25). Felidae. Retirado em Janeiro 30, 2020, de https://en.wikipedia.org/wiki/Felidae

Editors, W. (2020, Janeiro 26). Gorgonopsia. Retirado em Janeiro 30, 2020, de https://en.wikipedia.org/wiki/Gorgonopsia

Editors, Y. J. (2019, Maio 9). Relatives of the Sabre Tooth. Retirado em Janeiro 30, 2020, de https://youngjournalistacademy.com/relatives-of-the-sabre-tooth/

Fleisher, N. (2009). Nearly Intact Saber-Tooth Skull Found Near La Brea Tar Pits At Heritage Auctions. Retirado em Janeiro 30, 2020, de https://www.ha.com/information/sabertooth.s

Gelbart, M. (2011, Julho 8). Two New Studies of Sabertooth (Smilodon fatalis) Anatomy. Retirado em Janeiro 30, 2020, de https://markgelbart.wordpress.com/2011/07/08/two-new-studies-of-sabertooth-smilodon-fatalis-anatomy/

Hecht, J. (2017, Abril 10). Sabre-toothed tigers in ice-age Los Angeles had bad back trouble. Retirado em Janeiro 30, 2020, de https://www.newscientist.com/article/2127141-sabre-toothed-tigers-in-ice-age-los-angeles-had-bad-back-trouble/

Hernandez, D. (2019, Maio 31). Saber-Toothed Cats Were Even More Vicious Than We Thought. Retirado em Janeiro 30, 2020, de https://www.popularmechanics.com/science/a27677964/saber-toothed-cat-skull/

Hilton, R. P., & Medeiros, J. (2018). Smilodon. Retirado em Janeiro 30, 2020, de https://www.sierracollege.edu/ejournals/jscnhm/v6n2/smilodon.html

Holloway, A. (2014, Junho 5). New study blames humans for megafauna extinction. Retirado em Janeiro 30, 2020, de https://www.ancient-origins.net/news-evolution-human-origins/new-study-blames-humans-megafauna-extinction-001724

Hulbert, R. C. (2013, Abril 23). Smilodon fatalis. Retirado em Janeiro 30, 2020, de https://www.floridamuseum.ufl.edu/florida-vertebrate-fossils/species/smilodon-fatalis

Katz, B. (2017, Outubro 23). Saber-toothed Cats Maio Have Co-Existed With Modern Humans. Retirado em Janeiro 30, 2020, de https://www.smithsonianmag.com/smart-news/saber-toothed-cats-Maio -have-co-existed-modern-humans-180965349/

MacElroy, A. (2013). Smilodon. Retirado em Janeiro 30, 2020, de http://academic.emporia.edu/aberjame/student/mcelroy1/smilodon.htm

Mancini, M. (2015, Agosto 23). 10 Fun Facts About Saber-Toothed Cats. Retirado em Janeiro 30, 2020, de https://www.mentalfloss.com/article/67220/10-fun-facts-about-saber-toothed-cats

Meachen, J. A., O'Keefe, F. R., & Sadleir, R. W. (2014, Fevereiro 21). Evolution in the sabre-tooth cat, Smilodon fatalis, in response to Pleistocene climate change. Retirado em Janeiro 30, 2020, de https://onlinelibrary.wiley.com/doi/full/10.1111/jeb.12340

Minotti, M. (2016). Evidence of interaction of Pre-Clovis man with Smilodon fatalis. Retirado em Janeiro 30, 2020, de https://www.academia.edu/16626521/Evidence_of_interaction_of_Pre-Clovis_man_with_Smilodon_fatalis

Moon, P. (2015). The man who faced the saber-toothed cat - Peter Wilhelm Lund's Forgotten Encounters with the Brazilian deep past and the colonial present. Retirado em Janeiro 30, 2020, de https://www.academia.edu/15632969/The_man_who_faced_the_saber-toothed_cat_-_Peter_Wilhelm_Lunds_Forgotten_Encounters_with_the_Brazilian_deep_past_and_the_colonial_present

Moseman, A. (2010, Julho 7). The Saber-Toothed Cat's True Secret: Its Super-Strong Arms. Retirado em Janeiro 30, 2020, de https://www.discovermagazine.com/planet-earth/the-saber-toothed-cats-true-secret-its-super-strong-arms

Pappas, S. (2014, Junho 3). Humans Blamed for Extinction of Mammoths, Mastodons & Giant Sloths. Retirado em Janeiro 30, 2020, de https://www.livescience.com/46081-humans-megafauna-extinction.html

Pickrell, J. (2018, Outubro 20). Saber-Toothed Cats Maio Have Roared Like Lions. Retirado em Janeiro 30, 2020, de https://www.scientificamerican.com/article/saber-toothed-cats-Maio -have-roared-like-lions/

Pickrell, J. (2019, Março 24). Saber-toothed cats were fierce and family-oriented. Retirado em Janeiro 30, 2020, de https://www.sciencenews.org/article/saber-toothed-cats-smilodon

Polly, P. D. (1994, Abril 30). The Oligocene Epoch. Retirado em Janeiro 30, 2020, de http://ucmp-dev.berkeley.edu/tertiary/oligocene.php

Polly, P. D. (2017). SABER-TOOTHED CATS. Retirado em Janeiro 30, 2020, de https://igws.indiana.edu/FossilsAndTime/Sabertooth

Prieto, A., & Labarca, R. (2010). New evidence of the sabertooth cat Smilodon (Carnivora: Machairodontinae) in the late Pleistocene of southern Chilean Patagonia. Retirado em Janeiro 30, 2020, de https://scielo.conicyt.cl/scielo.php?script=sci_arttext&pid=S0716-078X2010000200010&lng=en&nrm=iso&tlng=en

Robins, B. (2018). THE REASON SABER-TOOTHED TIGERS WENT EXTINCT. Retirado em Janeiro 30, 2020, de https://www.grunge.com/168872/the-reason-saber-toothed-tigers-went-extinct/

Sailer, S. (2018, Janeiro 11). How Did Indians Exterminate Saber-Toothed Tigers? Retirado em Janeiro 30, 2020, de https://www.unz.com/isteve/how-did-indians-exterminate-saber-toothed-tigers/

Smith, R. (2009, Novembro 5). SABERTOOTHED MALES WERE PUSSYCATS. Retirado em Janeiro 30, 2020, de https://today.duke.edu/2009/11/sabertooth.html

Solly, M. (2019, Agosto 6). Fossils Reveal Why Coyotes Outlived Saber-Toothed Cats. Retirado em Janeiro 30, 2020, de https://www.smithsonianmag.com/smart-news/fossils-reveal-why-coyotes-outlived-saber-toothed-cats-180972826/

Strauss, B. (2019, Julho 3). Top 10 Saber-Toothed Tiger Facts. Retirado em Janeiro 30, 2020, de https://www.thoughtco.com/facts-about-the-saber-tooth-tiger-1093337

Stutsman, J. (2018, Abril 19). Why Did the Saber Tooth Tiger Go Extinct? Retirado em Janeiro 30, 2020, de https://sciencing.com/did-tooth-tiger-go-extinct-6113344.html

Switek, B. (2016, Novembro 2). The Making of the Cat. Retirado em Janeiro 30, 2020, de https://www.pbs.org/wnet/nature/blog/the-making-of-a-cat/

Switek, B. (2017, Abril 3). Drawing Out a Sabercat's Smile. Retirado em Janeiro 30, 2020, de https://blogs.scientificamerican.com/laelaps/drawing-out-a-sabercats-smile/

Tabatabaie, C. (2017, Maio 31). What you need to know about smilodon, the real Nashville Predator. Retirado em Janeiro 30, 2020, de https://positivepeerpressure.blog/what-you-need-to-know-about-smilodon-the-real-nashville-predator-b7c982d13c47

Vocelle, L. (2012, Julho 31). WHO OR WHAT IS PSEUDAELURUS? Retirado em Janeiro 30, 2020, de https://www.thegreatcat.org/who-or-what-is-pseudaelurus/

Wallace, S. C., & Hulbert, R. C. (2013). A New Machairodont de the Palmetto Fauna (Early Pliocene) of Florida, with Comments on the Origin of the Smilodontini (Mammalia, Carnivora, Felidae). Retirado em Janeiro 30, 2020, de https://www.ncbi.nlm.nih.gov/pmc/articles/PMC3596359/

Whitfield, T. (2016, Junho 17). Reason behind sabre toothed tiger ice age extinction revealed. Retirado em Janeiro 30, 2020, de https://www.mirror.co.uk/news/world-news/reason-behind-sabre-toothed-tiger-8220741

Williams, A. (2015, Novembro 4). Did Neanderthals and sabre-toothed wage battles? Fossil remains reveal the predators lived side-by-side with our ancestors. Retirado em Janeiro 30, 2020, de https://www.dailymail.co.uk/sciencetech/article-3303901/Did-Neanderthals-sabre-toothed-wage-battles-Fossil-remains-reveal-predators-lived-ancestors.html

Wilson, T. V. (2009). How Saber-tooth Cats Worked. Retirado em Janeiro 30, 2020, de https://science.howstuffworks.com/environmental/earth/geology/saber-tooth-cat4.htm

Livros Gratuitos da Charles River Editors

Temos diversos títulos totalmente gratuitos todos os dias. Para ver os títulos gratuitos disponíveis no momento, clique neste link.

Livros com Descontos Especiais da Charles River Editors

Temos títulos com descontos especiais no valor de apenas 99 centavos todos os dias! Veja os títulos disponíveis com este desconto clicando neste link.